Die Graphic Novel

Projekt Phœnix

Über IT, DevOps und neue Erfolgsstrategien für Ihre Firma

Gene Kim | Adaption
Mike Collins | Illustration

Deutsche Übersetzung
von Jørgen W. Lang

O'REILLY®

Wir hoffen, dass Sie Freude an diesem Buch haben und sich Ihre Erwartungen erfüllen. Falls Sie Anregungen, Wünsche und Kommentare haben, lassen Sie es uns wissen: **service@rheinwerk-verlag.de**.

Informationen zu unserem Verlag und Kontaktmöglichkeiten finden Sie auf unserer Verlagswebsite **www.dpunkt.de**. Dort können Sie sich auch umfassend über unser aktuelles Programm informieren und unsere Bücher und E-Books bestellen.

Autor: Gene Kim
Illustrator: Mike Collins
Übersetzung: Jørgen W. Lang
Lektorat: Alexandra Follenius
Buchmanagement: Julia Griebel
Copy-Editing: Sibylle Feldmann, *www.richtiger-text.de*
Satz: Ulrich Borstelmann, *www.borstelmann.de*
Herstellung: Stefanie Weidner
Covergestaltung: Michael Oréal, *www.oreal.de*
Druck: mediaprint solutions, Paderborn

PEFC
PEFC/04-31-0810

Dieses Buch wurde mit mineralölfreien Farben auf PEFC-zertifiziertem Papier aus nachhaltiger Waldwirtschaft gedruckt. Der Umwelt zuliebe verzichten wir zusätzlich auf die Einschweißfolie. Hergestellt in Deutschland.

Bibliografische Information der Deutschen Nationalbibliothek:
Die Deutsche Nationalbibliothek verzeichnet diese Publikation in der Deutschen Nationalbibliografie; detaillierte bibliografische Daten sind im Internet über *http://dnb.dnb.de* abrufbar.

ISBN Print: 978-3-96009-279-7
ISBN PDF: 978-3-96010-982-2
ISBN ePub: 978-3-96010-983-9

1. Auflage 2026

Rheinwerk Verlag GmbH • Rheinwerkallee 4 • 53227 Bonn
service@rheinwerk-verlag.de

Über die Macher

Gene Kim ist ein preisgekrönter CTO, Researcher und Autor. Er hat mehrere Bücher veröffentlicht, die sich über eine Million Mal verkauft haben, darunter *Wiring the Winning Organization* (2023), *Projekt Unicorn* (2020), das mit dem Shingo Publication Award ausgezeichnete *Accelerate* (2018), *Das DevOps-Handbuch* (2022) und *Projekt Phoenix* (2015). Seit 2014 ist er Organisator des DevOps Enterprise Summit, der die technologischen Transformationen großer, komplexer Organisationen untersucht. Kim hat an der University of Arizona einen Masterabschluss in Informatik erlangt und beschäftigt sich seit 1999 intensiv mit leistungsstarken Technologieunternehmen. Er war 13 Jahre als Gründer und CTO von Tripwire Inc. tätig, einer Firma für Sicherheitssoftware für Unternehmen. Im Jahr 2007 nahm *ComputerWorld* Gene in die Liste der »40 innovativen IT-Personen unter 40, die man im Auge behalten sollte« auf. Zudem wurde er von der Purdue University für seine Leistungen und Führungsqualitäten zum Computer Science Outstanding Alumnus ernannt. Er lebt mit seiner Frau und seinen Kindern in Portland, Oregon.

Mike Collins feierte kürzlich sein 40-jähriges Jubiläum als Comic Artist. In dieser Zeit hat er so ziemlich alle berühmten Comicfiguren aus den USA und Großbritannien gezeichnet: X-Men, Batman, the JLA, Spider-Man, Superman, Wonder Woman, The Flash, Judge Dredd, Slaine, Rogue Trooper und viele mehr. Er ist vor allem dafür bekannt, dass er Doctor Who für das *Doctor Who Magazine* gezeichnet hat, seitdem die Show vor 20 Jahren ein triumphales Comeback verzeichnen konnte. Außerdem ist er für zwei Dalek Graphic Novels für BBC Books und für das Schreiben und Zeichnen von Doctor-Who-Onlinespielen für Tiny Rebel verantwortlich. Darüber hinaus hat er die Doctor-Who-Merchandiseartikel im Stil der Marvel Comics aus den 1970-Jahren künstlerisch gestaltet. Daneben zeichnete er zwei viel beachtete und erfolgreiche eigene Graphic Novels: eine Adaption von Dickens' *A Christmas Carol* und das Dokudrama über die erste Mondlandung, *Apollo*. Er ist mit Bernadette Vella verheiratet, die in den letzten Jahrzehnten als IT-Managerin bei mehreren großen internationalen Finanzinstituten tätig war und die sich sehr über dieses Buch freute, da sie es schon lange in ihren Arbeitsstrategien verwendete. Mike lebt in Cardiff, Wales.

Mitwirkende

PARTS UNLIMITED

Parts Unlimited: Führungsteam

Steve Masters, CEO, kommissarischer CIO
Dick Landry, Chief Financial Officer, CFO
Sarah Moulton, Senior Vice President of Retail Operations
Maggie Lee, Senior Director of Retail Program Management
Bill Palmer, Vice President IT Operations, zuvor Director of Midrange Technology Operations

Technology Operations

Wes Davis, Director Distributed Technology Operations
Brent Geller, Lead Engineer
Patty McKee, Director IT Service Support
John Pesche, Chief Information Security Officer, CISO
Chris Allers, Vice President Application Development

Parts Unlimited: Aufsichtsrat

Bob Strauss, Lead Director, ehemaliger Vorstandsvorsitzender, ehemaliger CEO
Erik Reid, Aufsichtsratskandidat
Nancy Mailer, Chief Audit Executive

Guten Morgen und willkommen zurück bei Business Today. Heute ist Dienstag, der 2. September, und hier sind Ihre stündlichen Nachrichten.
Heute ist **Steve Masters**, CEO von Parts Unlimited, als Vorstandsvorsitzender zurückgetreten. Seine Aufgabe übernimmt der Aufsichtsratsvorsitzende **Bob Strauss**. Masters bleibt CEO.
Masters stand unter verstärkter Beobachtung, nachdem das vom Unternehmen hochgelobte **Projekt Phoenix** nicht in Gang gekommen ist.
Um die Rentabilität wiederherzustellen, sollen verschiedene Verkaufskanäle verzahnt werden. Erwartet wird, dass beim Analysten-Gespräch im kommenden Monat weitere Verzögerungen für das bereits um mehrere Jahre verspätete Projekt angekündigt werden.
Offenbar haben institutionelle Investoren auf einen Führungswechsel gedrängt. Das Augenmerk richtet sich dabei auf die vielversprechende **Sarah Moulton**, aktuell SVP of Retail Operations.
Der Aktienkurs von Parts Unlimited ist im vergangenen Monat um 19 % abgesackt, was einem Defizit von 52 % gegenüber dem Höchststand von vor drei Jahren entspricht.
Unseren Quellen zufolge hat der Aufsichtsrat Strauss und Masters eine Frist von **sechs Monaten** gesetzt, um für drastische Verbesserungen zu sorgen.

KAPITEL 1 DIENSTAG, 2. SEPTEMBER

Director of Midrange Technology Operations
Ich glaub's nicht ... Dem CIO wurde aus **wichtigem Grund** gekündigt!
Oha ... hat der das gerade wirklich gesagt?
Wie sollen wir mit weniger Leuten mehr leisten und gleichzeitig mit der Konkurrenz mithalten und die Kosten senken?
Und das ohne einen CIO?
Die Konkurrenz zieht an uns vorbei, und **das** ist die Reaktion?
Mist ... ich glaube, ich weiß, was die Personalabteilung von mir will.

Hi, ich bin **Bill Palmer**. Laura wollte mich sprechen.
Das bin ich. Schön, dich kennenzulernen, Bill.
Gehen wir ein paar Schritte und reden wir unterwegs.
Wohin?
Zu **Steve Masters Büro.**
Zum CEO? Warum gerade ich?
Ich will nicht lange darum herumreden. Seit heute Morgen gehören Luke und Damon nicht mehr zum Unternehmen. Steve hat **dich** für den Posten des **VP of IT Operations** ausgewählt.
Herzlichen Glückwunsch!
Danke, aber nein danke!
Eigentlich habe ich eine gute Position. Weit genug oben, um etwas zu bewegen, und niedrig genug, um mich aus der Politik herauszuhalten.
Vielen Dank für das Angebot. Ich fühle mich geehrt. Aber ich möchte diesen Posten nicht.
Warum sollte ich auch? Ich liebe meinen jetzigen Job.
Viel Glück bei der Suche nach jemand anderem.
Ich glaube nicht, dass du eine Wahl hast. Steve hat dich persönlich ausgewählt. Am besten besprichst du die Sache direkt mit ihm.
Da drüben in Gebäude 2 ist sein Büro. Wir sind fast da. Ich werde inzwischen hier warten.

Bill! Ich komme am besten direkt zur Sache.
Du kennst das Problem. Ohne **Projekt Phoenix** hängt die Konkurrenz uns ab. Wir sind Jahre hinterher. Und jetzt verliert der Aufsichtsrat das Vertrauen in unsere Fähigkeit, Zusagen einzuhalten.
Ich will offen mit dir sein. Eine einflussreiche Investorengruppe will das Unternehmen aufspalten. Die Jobs von fast **4.000 Mitarbeitenden** stehen auf dem Spiel.
Ich werde kommissarischer CIO. **Chris Allers**, unser VP of Application Development, wird direkt an mich berichten, genau wie du als VP of IT Operations.
Ich brauche jemanden, der zuverlässig ist. Man sagt, dass dein Wort etwas gilt, dass du pragmatisch bist, das Richtige tust und sagst, was du wirklich denkst.
Steve, bei allem Respekt. Dass die IT-Führung hier etwas ausrichten kann, erscheint mir ziemlich schwierig.
Anfragen nach mehr Budget oder Mitarbeitenden werden abgelehnt, und die Manager werden immer wieder ausgetauscht. Außerdem mag ich meinen aktuellen Job, und dort werde ich gebraucht.
Wir mussten im gesamten Unternehmen kürzen, aber ich werde tun, was ich kann, um dich und deine Mission zu unterstützen.
Bill, ich weiß, dass du nicht um diesen Job gebeten hast. Aber ich brauche dich, damit du mir hilfst, dieses großartige Unternehmen am Leben zu erhalten.
Kann ich auf dich zählen?
Los, gib dir einen Ruck.
Ja Steve, du kannst dich auf mich verlassen.
Was habe ich getan??

Von: Dick Landry, CFO
An: Steve Masters, CEO
Wichtigkeit: **Hoch**
Betreff: **Sofortiger Handlungsbedarf**

Hey, Steve. Es gibt schwerwiegende Probleme mit der Gehaltsabrechnung für diese Woche. Tausende von Gehaltsschecks für die Belegschaft stecken im System fest. Es besteht das Risiko, dass die Leute ihr Geld nicht bekommen. Sehr schlechte Nachrichten.

Das Problem muss behoben sein, bevor sich das Zeitfenster für die Gehaltszahlungen um 17:00 Uhr schließt. Bitte sag uns, wie wir das in der neuen IT-Abteilung eskalieren können.
– Dick

KAPITEL 2 DIENSTAG, 2. SEPTEMBER

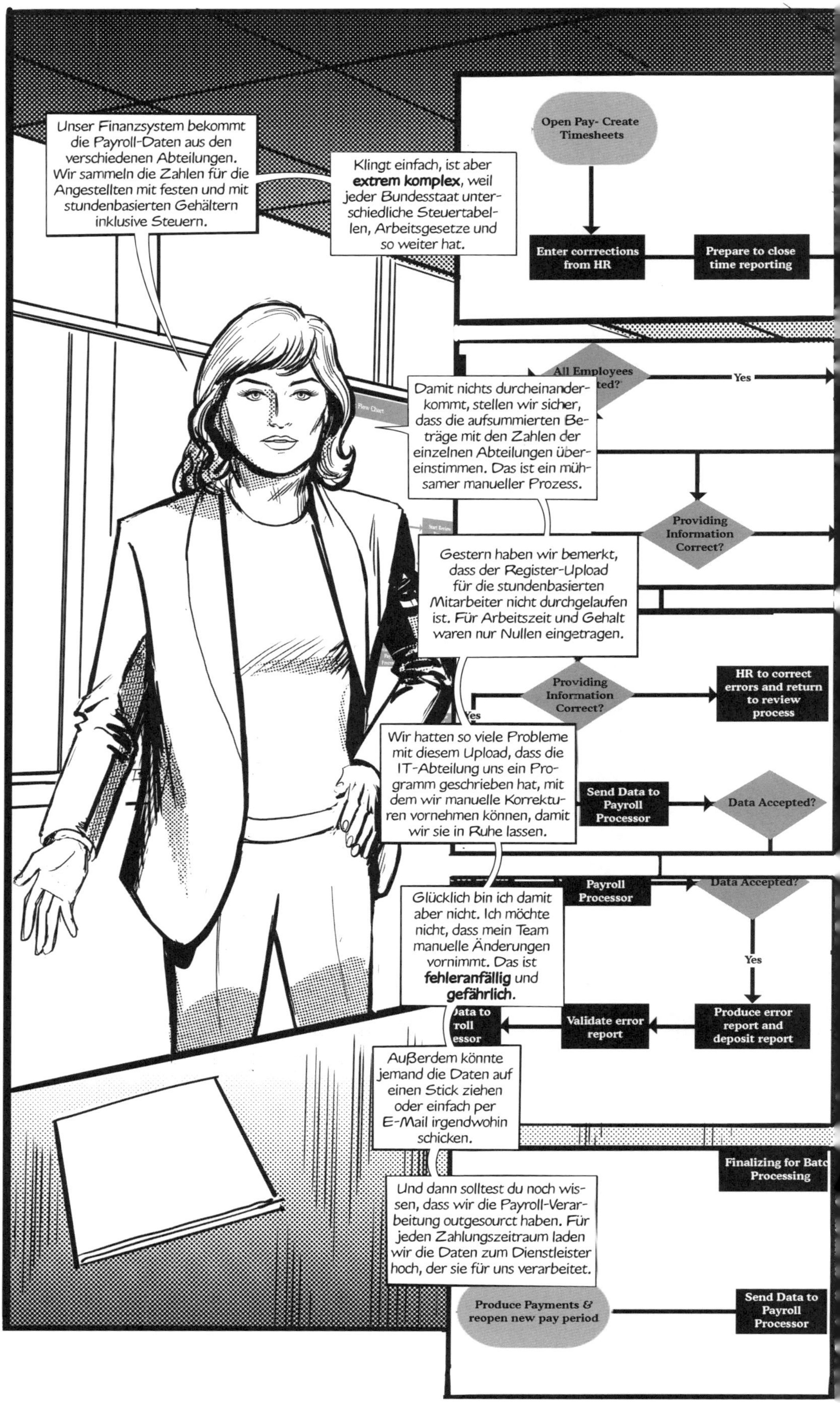
Unser Finanzsystem bekommt die Payroll-Daten aus den verschiedenen Abteilungen. Wir sammeln die Zahlen für die Angestellten mit festen und mit stundenbasierten Gehältern inklusive Steuern.
Klingt einfach, ist aber **extrem komplex**, weil jeder Bundesstaat unterschiedliche Steuertabellen, Arbeitsgesetze und so weiter hat.
Damit nichts durcheinanderkommt, stellen wir sicher, dass die aufsummierten Beträge mit den Zahlen der einzelnen Abteilungen übereinstimmen. Das ist ein mühsamer manueller Prozess.
Gestern haben wir bemerkt, dass der Register-Upload für die stundenbasierten Mitarbeiter nicht durchgelaufen ist. Für Arbeitszeit und Gehalt waren nur Nullen eingetragen.
Wir hatten so viele Probleme mit diesem Upload, dass die IT-Abteilung uns ein Programm geschrieben hat, mit dem wir manuelle Korrekturen vornehmen können, damit wir sie in Ruhe lassen.
Glücklich bin ich damit aber nicht. Ich möchte nicht, dass mein Team manuelle Änderungen vornimmt. Das ist **fehleranfällig** und **gefährlich**.
Außerdem könnte jemand die Daten auf einen Stick ziehen oder einfach per E-Mail irgendwohin schicken.
Und dann solltest du noch wissen, dass wir die Payroll-Verarbeitung outgesourct haben. Für jeden Zahlungszeitraum laden wir die Daten zum Dienstleister hoch, der sie für uns verarbeitet.
Open Pay- Create Timesheets
Enter corrrections from HR
Prepare to close time reporting
Yes
Providing Information Correct?
Providing Information Correct?
HR to correct errors and return to review process
Send Data to Payroll Processor
Data Accepted?
Payroll Processor
Data Accepted?
Yes
Produce error report and deposit report
Validate error report
Produce Payments & reopen new pay period
Send Data to Payroll Processor

Hast du gerade gesagt, die Zahlen für die Mitarbeitenden **mit festem Gehalt** stimmen?
Genau.
Aber bei den Mitarbeitern auf **Stundenbasis** stehen nur Nullen?
Jepp.
Interessant ...
Warum ist denn deiner Meinung nach die Gehaltsabrechnung nicht durchgelaufen, obwohl sie vorher funktioniert hat? Gab es schon mal solche Probleme?
Nein. So etwas ist **noch nie** passiert.
Solange wir nichts von der IT-Abteilung hören, sitzen wir komplett auf dem Trockenen.
Wie sieht unser Notfallplan aus? Was passiert, wenn wir die Daten nicht rechtzeitig bekommen?
Die Deadline für elektronische Zahlungen ist heute **um 17 Uhr**. Wenn wir die reißen, müssen wir bergeweise Papierschecks an unsere Standorte schicken, um sie an die Angestellten zu verteilen.
Das schaffen wir nicht.
Schlimmstenfalls könnten wir den letzten Payroll-Durchlauf herunterladen, in einem Arbeitsblatt anpassen und wieder hochladen.
Aber wir wissen nicht, wie viele Stunden die einzelnen Personen gearbeitet haben. Also wissen wir auch nicht, was wir zahlen müssen.
Sie hat recht. Wir wollen niemandem zu viel bezahlen, auch wenn das besser wäre, als jemandem versehentlich zu wenig zu überweisen.
Plan B wird eine Menge Probleme machen. Im Prinzip müssten wir die Gehälter schätzen. Wir würden Leute bezahlen, die nicht mehr für uns arbeiten, und neu Eingestellte bekämen vielleicht kein Geld.
Um an die nötigen Daten zu kommen, müssen wir die Applikationsentwickler oder die Datenbankleute an Bord holen, um ein paar eigene Reports zusammenzuschrauben.
Aber damit gießen wir noch mehr Öl ins Feuer.
Einen Entwickler, der Produktivsysteme **nicht** zum Absturz bringt, den gibt es nicht.
Das sind zwei **hundsmiserable** Alternativen.
Wir könnten den Payroll-Durchlauf so lange anhalten, bis wir korrekte Daten haben. Aber wenn wir auch nur einen Tag zu spät sind, sitzen uns die Gewerkschaften im Nacken.
Bleibt also nur noch Anns Vorschlag, den Angestellten zumindest irgendetwas zu zahlen, selbst wenn der Betrag nicht stimmt.
Für den nächsten Zahlungszeitraum müssten wir das Gehalt dann entsprechend anpassen. Aber wir würden uns einen ernsthaften **Fehler im Financial Reporting** einhandeln.

Was für einen »ernsthaften Fehler beim Financial Reporting«?
Wir hätten einen Haufen seltsamer Journaleinträge im Hauptbuch – ausgerechnet jetzt, da unsere Auditoren für das SOX*-Audit kommen.
*SOX steht für den **Sarbanes-Oxley Act von 2002**, den der US-Kongress als Reaktion auf die Bilanzskandale bei Enron, WorldCom und Tyco erließ. Dabei stehen CEO und CFO persönlich dafür ein, dass die Bilanzen ihrer Firmen korrekt sind.
Das muss Steve genehmigen. Die Auditoren werden uns belagern, bis die Lichter ausgehen. Und mit unserer eigentlichen Arbeit geht es wieder keinen Schritt weiter.
Menschenskind, ich wünsche mir die Zeit zurück, als wir nicht den halben Tag mit Auditoren sprechen mussten oder uns an jede Regelung halten mussten, die sich irgendjemand gerade neu ausgedacht hat.
Die Zeit wird knapp.
Dick, am besten bereitest du dich weiter auf den Worst Case vor und arbeitest Plan B aus.
Ich möchte mit einer Entscheidung noch bis **15 Uhr** warten. Vielleicht bekommen wir die Systeme bis dahin wieder ans Laufen.
Ann?
Klingt vernünftig.
Okay, ihr habt **vier Stunden**.
Ich glaube, ich habe alles, damit ich loslegen kann.
Ich gehe rüber zu IT Operations und halte euch auf dem Laufenden, sobald ich neue Infos habe.

Steve hat meine Beförderung noch nicht verkündet. **Wes Davis** und **Patty McKee**, die bis heute meine Kollegen waren, haben keine Ahnung, dass ich jetzt ihr Chef bin.
Danke, Steve.
BUI DING 7
IT OPERATIO S
Hi WiPi Palmer. Herzlichen Glückwunsch zur Beförderung.
SEUFZ Gerüchte verbreiten sich hier schneller als E-Mails.
Sind alle im »Bullpen«?
Ja. Scheint heute eine Menge los zu sein.
Das ist noch untertrieben. Bis später.
IT OPERATIONS DIRECTORY
Bill Palmer, VP of
Wes Davis,
Director of Distributed Technology O
Patty Mckee:
Director of IT Service Support, cube
Network Operations Center (NOC), bu
Wes ist **Director Distributed Technology Operations**. Er trägt die Verantwortung für über 1.000 Windows-Server sowie für die Datenbank- und Netzwerkteams.
Patty ist **Director IT Service Support**. Sie ist für alle Level-1- und Level-2-Servicetechniker zuständig, die sich um Fehlerbehebungen und Supportanfragen aus dem Unternehmen kümmern.
Und sie verantwortet einige der Schlüsselprozesse und -werkzeuge, von denen das gesamte Unternehmen abhängig ist, wie etwa die Leitung der Change-Management-Meetings.
Außerdem müssen sie und ihre IT-Teams an heruntergekommenen Großraumarbeitsplätzen ihre Jobs erledigen. Ich **muss** daran etwas ändern. Noch ein Punkt auf meiner Liste – falls ich heute überlebe.

Das »Bullpen« (Großraumbüro) für IT Operations und das Network Operations Center (NOC).

PLAPPER
MURMEL
Okay Leute. Einer nach dem anderen.
SCHNATTER
Wer ist am Telefon?
PLAPPER
PLAPPER
SCHNATTER
PLAPPER
SCHNAT
Der Hersteller. Angeblich dauert es mindestens **vier Stunden**, bis ein SAN-Techniker hier sein kann.
Warum sprechen die vom SAN? **Storage Area Networks** sind doch eine zentrale Speichermöglichkeit für unsere kritischen Systeme. Wenn da was schiefgeht, fällt meistens gleich alles aus.
Das ist dann nicht nur ein Server, es sind **Hunderte**, die alle gleichzeitig die Grätsche machen. Das ist hier aber nicht der Fall.
Aber nachdem wir versucht haben, ein Rollback für das SAN durchzuführen, hatten wir keinen Zugriff mehr auf die Daten. Danach wurde alles in **Japanisch** angezeigt.
So sah es jedenfalls aus.
Patty hat recht. Der kaputte Payroll-Durchlauf hat eher nichts mit dem SAN-Problem zu tun.
Ann meinte, irgendwas stimme vielleicht mit den **Zeiterfassungssystemen** an den einzelnen Standorten nicht. Eine Untersuchung des SAN hilft uns nicht weiter.
Leute, kann ich mal eine Minute mit euch sprechen?
Jetzt? Ernsthaft?
Es geht um das Problem mit der Gehaltsabrechnung und ein Gespräch, das ich gerade mit Steve Masters und Dick Landry hatte.
Wir können in meinem Büro reden.

Okay, was ist so wichtig, dass du uns mitten in einem SEV-1-Ausfall unterbrechen musst?
Wir wissen über deine Beförderung Bescheid. Aber mal im Ernst: Ist das nicht eine Nummer zu groß für dich? Bisher hast du dich um Midrange-Systeme gekümmert, die eigentlich schon seit Jahren ins Museum gehören.
Wahrscheinlich würde dein Kopf explodieren, wenn du mit dem Tempo und der Komplexität moderner verteilter Systeme mithalten wolltest.
Wenn du meinen Job willst, musst du nur mit Steve sprechen. Ich stehe dir nicht im Weg.
Aber zuerst sollten wir dafür sorgen, dass alle rechtzeitig bezahlt werden. **Danach** kannst du meinen Job gerne haben.
Ich denke auch, dass das Payroll-Problem Vorrang haben sollte.
Und **ich** glaube, dass Steve eine gute Wahl getroffen hat. Herzlichen Glückwunsch, Bill.
Wann können wir über ein größeres Budget sprechen?
Steht schon auf der Liste.
In Ordnung. Zuerst die Gehaltsabrechnung. Und was das Gespräch mit Steve angeht, nehme ich dich beim Wort.
Nachdem ich ihn getroffen habe, wünsche ich dir von Herzen Glück dabei.
Wes, lass die Drohungen und schnapp dir einen Stuhl.
Also, was wissen wir über den Ausfall?
Oder sind es eher **mehrere Ausfälle?** Hat das vielleicht etwas mit dem SAN-Upgrade von gestern zu tun?
Keine Ahnung. Gerade als wir gestern das SAN-Upgrade durchführen wollten, ist plötzlich der Payroll-Durchlauf stecken geblieben.
Brent meinte, das SAN würde die Daten zerschießen. Also hat er vorgeschlagen, die Änderungen rückgängig zu machen. Am Ende haben sie das SAN **kaputt** gemacht.
»Kaputt?« Den Begriff kannte ich bisher nur von Kleingeräten, aber **niemals** im Zusammenhang mit einer mehrere Millionen Dollar teuren Ausstattung, die unersetzliche Firmendaten enthält.
Schon bei dem Gedanken daran wurde mir plötzlich übel.
Brent arbeitet für dich, richtig, Wes?
Ja, er ist erschreckend gut, hat fast immer recht und ist immer mit Arbeit eingedeckt.

Um das SAN-Problem zu lösen, mussten wir Brent von dem Phoenix-Job abziehen, den wir Sarah versprochen hatten.
Das könnte richtig teuer werden.
Meinst du die SVP of Retail Operations? **Die** Sarah? Oje. Die sucht die Schuld doch immer bei der IT – besonders wenn es um Phoenix geht.
Was genau haben wir ihr versprochen?
Sarah hat mitbekommen, dass es bei ein paar virtuellen Maschinen Verspätungen gibt, die für Chris Allers, den VP of Application Development, gedacht sind.
Und die sind für Projekt Phoenix dringend nötig. Also hat sie uns angewiesen, alles andere zurückzustellen, um daran zu arbeiten.
Jedenfalls, bis wir alles stehen und liegen lassen mussten, um uns um das SAN-Problem zu kümmern.

Ich verstehe schon, warum Chris' Projekt Priorität hatte. Ihr wisst selbst, dass die Firma eine Menge Geld in die Virtualisierung gesteckt hat.
Trotz der Investition hat sie aber längst nicht alle unsere Probleme gelöst. Wir haben immer noch Verspätung bei der Bereitstellung der virtuellen Maschinen für Chris.
Wenn wir Brent für das SAN brauchen, ist das eben so. Ich rede mit Sarah.
Aber wenn da Problem mit d Gehaltsabrech nung am SAN liegt, warum g es dann nicht mehr Ausfälle und Störunge

Guter Einwand.
Brent kümmert sich gerade um das Problem. Gehen wir doch mal rüber und fragen, was er meint.
Gute Idee. Wir brauchen einen genauen zeitlichen Ablauf der wichtigen Ereignisse. Bisher verlassen wir uns nur auf Hörensagen.
Mit Hörensagen löst man keine Kriminalfälle – und IT-Probleme **erst recht nicht.**

KAPITEL 3 DIENSTAG, 2. SEPTEMBER

KLINGEL
Das ist die **Buchhaltung**. Ich stell mal auf laut.
Ann, mein Team und ich hören dich.
Bill, wie du vorgeschlagen hast, haben wir die Daten gesichtet, die wir gestern noch aus der Payroll-Datenbank hatten retten können. Für den vorherigen Abrechnungszeitraum ist alles in Ordnung.
Aber für diesen Zeitraum sind sämtliche Sozialversicherungsnummern **Müll**. Und die Felder für Arbeitsstunden und Lohn stehen **alle auf null**.
Nur ein Datenbankfeld enthält Müll? Kannst du mir bitte einen Screenshot und das Arbeitsblatt mit den kaputten Daten schicken? Das klingt **absolut** nicht nach einem SAN-Problem.
Brent, was war gestern noch los – etwas, das den Payroll-Durchlauf hätte stören können?
Ein Entwickler der Zeiterfassungsanwendung hat mich gestern angerufen und eine seltsame Frage zur Tabellenstruktur der Datenbank gestellt.
Ich war mitten im Phoenix-Test und habe ihm nur kurz geantwortet.
Du glaubst doch nicht, dass der die App irgendwie kaputt gemacht hat, oder?
Ich rufe mal beim NOC an.
Hey Leute, hier ist Wes. Brent und Patty sind gerade bei mir und unser neuer Chef, Bill Palmer.
Weiß irgendjemand, ob ein Entwickler an der Zeiterfassungssoftware in den Fabriken herumgeschraubt hat?
Ja, ich habe einer Entwicklerin geholfen, die für die Zeiterfassung zuständig war. Es gab wohl Verbindungsprobleme mit einer der Fabriken. Ihr Name ist **Maxine**.
Sie hat eine Security-Anwendung installiert, die John diese Woche noch brauchte. Sie sagte auch, die Sache sei eilig, weil sie heute in Urlaub gehen wollte.
Langsam kommen wir der Sache näher.
Typisch Entwickler! Erst was kaputt machen und es dann IT Operations überlassen, hinter ihnen aufzuräumen.
001
Und hier haben wir eine Entwicklerin, die noch schnell ein paar Änderungen hochschiebt, um dann in Urlaub zu gehen ...
... vermutlich als Teil eines dringenden Projekts von **John Pesche**, unserem Chief Information Security Officer.
Vermutlich hat unser CISO einen Entwicklungsmanager dazu gedrängt, etwas zu tun. Und dadurch hat sich dann der Payroll-Durchlauf aufgehängt.
Information Security stellt doch **andauernd** dringende Forderungen, egal welche Folgen das für den Rest des Unternehmens hat.
Wenn man etwas erledigt haben will, ist es am besten, wenn die Security-Leute **nicht dabei** sind.
Die haben immer eine Million Gründe, warum alles, was wir tun, eine Sicherheitslücke aufreißt, durch die irgendwelche Alien-Hacker in unsere Firma eindringen.
Vielleicht gibt es die Risiken ja wirklich. Ich kann aber keinen Zusammenhang zwischen den Forderungen und einem verbesserten Schutz unserer Umgebung erkennen.

Aber jetzt müssen wir erst mal wissen, wo es langgeht, damit das Team loslegen kann.
Okay, Leute. Stellen wir uns den Payroll-Fehler wie einen **Tatort** vor, und wir sind **Scotland Yard**.
Das SAN ist zwar kein Verdächtiger mehr, aber leider haben wir es während unserer Untersuchung verstümmelt.
Brent, du arbeitest weiter daran, das kaputte SAN so schnell wie möglich wieder ans Laufen zu bringen.
Wes und Patty, unsere neuen Verdächtigen sind Maxine und ihr Chef.
Tut alles, was nötig ist, um sie zu finden, sie festzusetzen und herauszufinden, was sie getan haben. Es ist mir egal, ob Maxine im Urlaub ist.
Ich vermute, einer von ihnen hat irgendwas kaputt gemacht, und das muss bis **15 Uhr** repariert sein.
Wir brauchen die zeitliche Abfolge aller wichtigen Ereignisse, die zu dem Problem geführt haben.
Der SAN-Ausfall letzte Nacht wurde durch eine Fehleinschätzung verursacht.
Solche Fehler werden nicht mehr vorkommen– jedenfalls nicht, solange ich hier das Sagen habe.

Ich schau, ob ich John Pesche irgendwo finden kann. Willst du mitkommen?
Auf jeden Fall. Ich versuche schon seit Jahren, Johns Leute auf Kurs zu halten.
Sie folgen nie unseren Prozessen und machen immer nur Probleme.
Ich wäre zu gern dabei, wenn Steve und Dick ihnen für Aktionen wie diese mal ordentlich den Kopf waschen würden.
Immer mit der Ruhe. Das ist keine Hexenjagd, und es geht uns auch nicht um Rache.
Hallo John, du hast vermutlich schon von den Problemen mit der Payroll und dem SAN gehört.
Hast du mal eine Minute für Patty und mich? Wir hoffen, du kannst uns helfen, herauszufinden, was passiert ist.
Kommt rein. Ich habe von deiner Beförderung gehört, Bill. Glückwunsch.
Ich hätte nie gedacht, dass Steve Luke und Damon wegen der Ergebnisse eines Compliance-Audits feuern würde. Vielleicht ändert sich hier ja endlich mal was.
Dir sollte das eine Lehre sein, Bill. Ihr Operations-Leute könnt die Sicherheitsbedenken nicht immer mit Füßen treten!
Nur ein freundlicher Rat …
Ähm, danke.
Aber gerne.

Kommen wir gleich zur Sache. Es geht um die Probleme mit der Gehaltsabrechnung und dem SAN.
Patty und ich haben gehört, dass du und Maxine gestern irgendetwas Dringendes deployt habt. Was war das?
Wir mussten uns um ein wichtiges Audit-Problem im Zusammenhang mit **personenbezogenen Daten** kümmern, also Sozialversicherungsnummern, also SSNs, und so weiter.
Nach europäischem Recht und den Gesetzen einiger US-Staaten ist es verboten, solche Daten zu speichern.
Das war beim letzten Audit ein **großes Thema**. Mein Team musste verhindern, dass so etwas noch einmal passiert.
Denn schließlich wäre das ja ein gefundenes Fressen für die Medien, oder?
Wir haben ein Produkt gefunden, das diese Informationen verschlüsselt, sodass wir die SSNs nicht länger speichern müssen.
Eigentlich sollte das Produkt schon vor einem Jahr bereitgestellt werden. Aber obwohl ich darauf gedrängt habe, ist das nie passiert, und jetzt hatten wir keine Zeit mehr.
Die Auditoren der **Zahlkartenbranche** haben sich für Ende des Monats angekündigt.
Also habe ich dafür gesorgt, dass Arbeiten beim Team für die Zeiterfassungs-App vorgezogen werden.
Treffer, versenkt – das ist der entscheidende Beweis.
Johns Beschreibung des SSN-Felds passt genau zu Anns Schilderung der kaputten Daten.

Mal sehen, ob ich das richtig verstanden habe ...
Ihr habt diese Verschlüsselungsanwendung eingespielt, um ein Audit-Problem zu beheben. Dadurch konnte die Gehaltsabrechnung nicht durchlaufen ...
... und Dick und Steve gehen die Wände hoch.
Erstens bin ich ziemlich sicher, dass das Problem nichts mit dem Verschlüsselungsprodukt zu tun hat. Das ist **undenkbar**.
Der Hersteller hat uns bestätigt, dass es sicher ist, und wir haben alle ihre Referenzen überprüft.
Zweitens haben Dick und Steve jeden Grund, die Wände hochzugehen. Compliance ist keine Option, sondern **Gesetz**.
Luke und Damon waren **leichtsinnig**. Sie haben viele dieser Regeln schlicht ignoriert. Das hat unseren Ruf bei Audit und Security ernsthaft infrage gestellt.
John, wir haben Prozesse und strikte Vorgehensweisen für Änderungen auf Produktionssystemen.
Die habt ihr umgangen und damit wieder einmal ein großes Problem verursacht, das wir jetzt reparieren müssen.
Warum habt ihr euch nicht daran gehalten?
Ha! **Habe** ich doch. Weißt du, was deine Leute mir gesagt haben? Dass wir erst in **vier Monaten** wieder etwas deployen können!
Die Auditoren stehen aber **nächste Woche** schon vor der Tür!
Es war **völlig unmöglich**, sich an deine bürokratischen Prozesse zu halten.

Laut Dick haben wir höchstens vier Stunden, um die Zeiterfassungs-App wieder zum Laufen zu bringen.
Wir wissen jetzt, dass es eine Änderung gab, die sich auf die SSNs ausgewirkt hat. Damit haben wir, glaube ich, was wir brauchen.
Soweit wir wissen, ist Maxine, die beim Deployment geholfen hat, jetzt im Urlaub.
Also wird Wes oder Brent dich kontaktieren, um mehr über das von euch bereitgestellte Verschlüsselungsprodukt zu erfahren.
Ich gehe davon aus, dass du ihnen alles erzählst, was sie wissen müssen. Das ist wichtig.
Okay.
Danke für deine Zeit, John.
Moment, eine Frage noch.
Warum sagst du, die Zeiterfassungs-App hätte das Problem nicht verursacht? Hast du die Änderungen getestet?
Nein, wir konnten die Änderungen nicht testen. Dafür fehlt die Testumgebung.
Offenbar hat dein Team schon vor Jahren ein Budget dafür beantragt, aber …
Ich hätte es wissen müssen …
Na, das sind doch gute Nachrichten.
Es wird vermutlich nicht einfach zu reparieren sein, aber zumindest wissen wir **endlich**, was los ist.
Gab es für Johns Verschlüsselungs-Update einen Eintrag im Change-Plan?
Das ist das, was ich dir zu erklären versucht habe.
John hält sich nur **selten** an unseren Change-Prozess. Genau wie die meisten anderen Leute übrigens.
Hier ist es wie im Wilden Westen. Wir schießen meistens aus der Hüfte.

Wir brauchen hier mehr Prozesse und bessere Unterstützung von ganz oben. Und dazu die nötigen IT-Tools und Trainings.
Alle denken, die Arbeit wird dadurch getan, dass man sie einfach erledigt. Meinen Job macht das aber **fast unmöglich**.
In meiner alten Gruppe haben wir Änderungen immer sehr diszipliniert umgesetzt.
Niemand hat etwas geändert, ohne den anderen Bescheid zu sagen, und wir haben uns echt ein Bein ausgerissen, damit die Änderungen nicht jemand anderem auf die Füße fallen.
Ich bin es einfach nicht gewohnt, so **im Dunkeln zu tappen**.
Wir haben nicht die Zeit, immer alle irgendwie Beteiligten zu befragen, sobald etwas schiefgeht.
Besorge mir bitte eine Liste aller Änderungen der – sagen wir mal – letzten drei Tage.
Ohne einen genauen Zeitablauf werden wir Ursache und Wirkung nicht finden. Und das führt womöglich zu einem weiteren Ausfall.
Gute Idee.
Falls nötig, werde ich alle IT-Mitarbeitenden anmailen, um herauszufinden, was sie getan haben. So können wir die Sachen finden, die nicht auf dem Plan standen.
Was meinst du denn mit »anmailen«?
Das ist ja, als würde Scotland Yard allen Bürgern von London eine Mail schicken, um herauszufinden, wer in der Nähe des Tatorts war.
Gibt es denn kein System, in das die Leute ihre Änderung eintragen?
Was ist mit unserem Ticketir System oder dem Change Autorisierungssystem?

Träum weiter. Ich versuche seit Jahren, alle Mitarbeitenden dazu zu bringen, das Autorisierungssystem zu benutzen.
Aber das macht, wie John, keiner. Und unser Ticketing-System funktioniert auch eher nach dem Zufallsprinzip.
Es ist ja noch viel schlimmer, als ich dachte.
Tu einfach, was nötig ist. Sieh zu, dass du alle Entwickler, Sys-Admins und Netzwerkleute erreichst.
Und ruf auch ihre Vorgesetzten an und sag Ihnen, dass wir über jede Änderung Bescheid wissen müssen – egal wie unwichtig sie ihnen erscheint.
Und vergiss auch Johns Leute nicht.
Erinnere dich: **Du** bist die Change-Managerin. Das muss dringend besser werden.
Wir brauchen ein besseres Lagebild, und dafür benötigen wir einen funktionierenden Change-Prozess.
Das habe ich doch schon probiert. Ich kann dir genau sagen, was passiert.
Das **Change Advisory Board**, CAB genannt, wird ein- oder zweimal zusammenkommen.
Und in ein paar Wochen kommt keiner mehr, weil alle sagen, sie hätten zu viel zu tun.
Oder der Termindruck ist so groß, dass sie die Änderungen einfach einspielen, ohne auf die Autorisierung zu warten.
So oder so wird das Ganze spätestens nach einem Monat im Sande verlaufen.
Diesmal nicht!
Setze ein Meeting an und informiere alle Technologiemanagerinnen und -manager. Schreib dazu, dass die Teilnahme **nicht optional** ist. Wenn sie nicht selbst kommen können, müssen sie einen Stellvertreter schicken.
Wann steht das nächste Meeting an?
Morgen.
Ausgezeichnet. Da freue ich mich schon drauf.

Was für ein **Chaos**. Das ist einer der frustrierendsten Tage meines Berufslebens.

1) 14:00 Uhr. Von den 27 vorgenommenen Änderungen der letzten drei Tage haben nur Johns Verschlüsselungssoftware und das SAN-Upgrade eine nachvollziehbare Verbindung zum Ausfall der Gehaltsabrechnung.
2) Wes und sein Team sind weiterhin nicht in der Lage, das SAN wieder ans Laufen zu bringen.
3) 15:00 Uhr. Ich habe Ann und Dick die schlechte Nachricht überbracht, dass wir keine Wahl haben und Plan B umsetzen müssen. Sie waren frustriert und enttäuscht.
4) 19:00 Uhr. Das Zeiterfassungsprogramm läuft wieder.
5) 23:00 Uhr. Das SAN ist endlich wieder online.

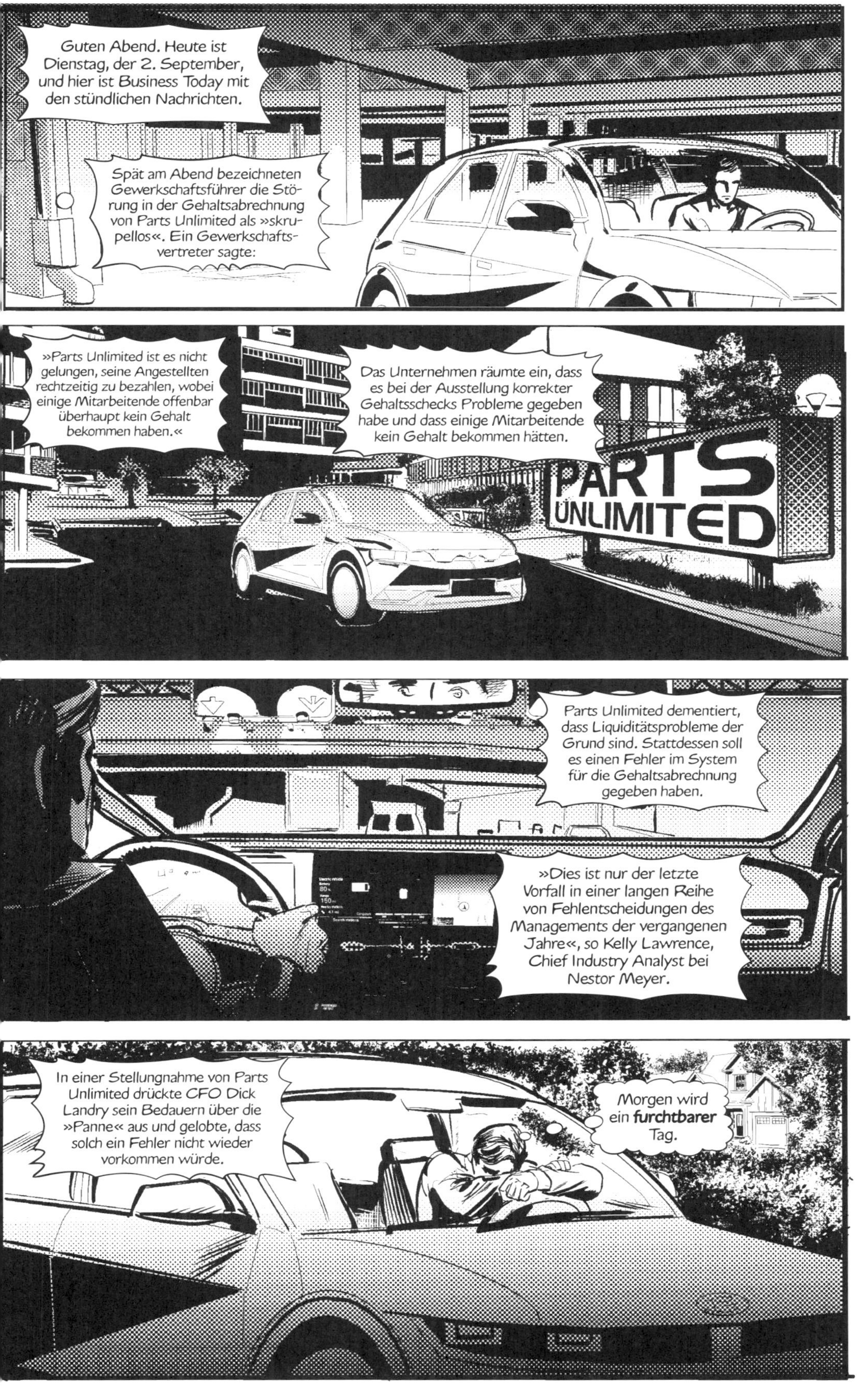
Guten Abend. Heute ist Dienstag, der 2. September, und hier ist Business Today mit den stündlichen Nachrichten.
Spät am Abend bezeichneten Gewerkschaftsführer die Störung in der Gehaltsabrechnung von Parts Unlimited als »skrupellos«. Ein Gewerkschaftsvertreter sagte:
»Parts Unlimited ist es nicht gelungen, seine Angestellten rechtzeitig zu bezahlen, wobei einige Mitarbeitende offenbar überhaupt kein Gehalt bekommen haben.«
Das Unternehmen räumte ein, dass es bei der Ausstellung korrekter Gehaltsschecks Probleme gegeben habe und dass einige Mitarbeitende kein Gehalt bekommen hätten.
PARTS UNLIMITED
Parts Unlimited dementiert, dass Liquiditätsprobleme der Grund sind. Stattdessen soll es einen Fehler im System für die Gehaltsabrechnung gegeben haben.
»Dies ist nur der letzte Vorfall in einer langen Reihe von Fehlentscheidungen des Managements der vergangenen Jahre«, so Kelly Lawrence, Chief Industry Analyst bei Nestor Meyer.
In einer Stellungnahme von Parts Unlimited drückte CFO Dick Landry sein Bedauern über die »Panne« aus und gelobte, dass solch ein Fehler nicht wieder vorkommen würde.
Morgen wird ein **furchtbarer** Tag.

KAPITEL 4 MITTWOCH, 3. SEPTEMBER

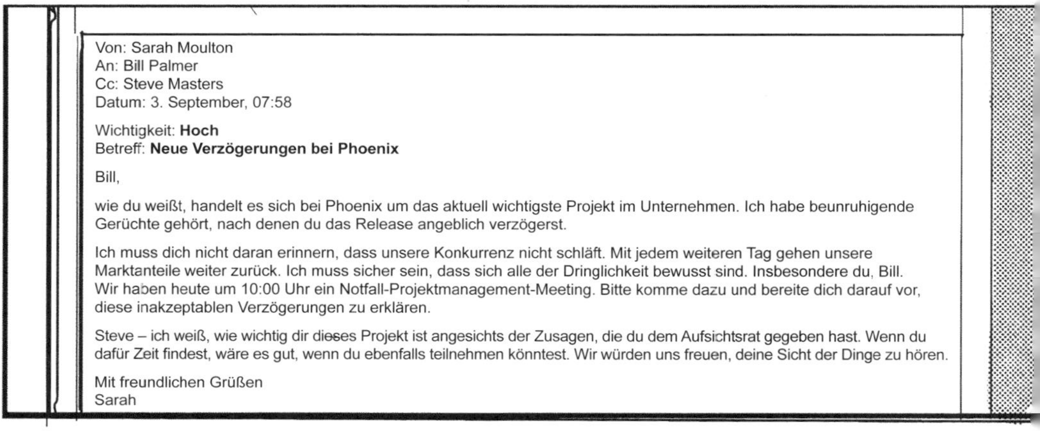
Von: Sarah Moulton
An: Bill Palmer
Cc: Steve Masters
Datum: 3. September, 07:58

Wichtigkeit: **Hoch**
Betreff: **Neue Verzögerungen bei Phoenix**

Bill,

wie du weißt, handelt es sich bei Phoenix um das aktuell wichtigste Projekt im Unternehmen. Ich habe beunruhigende Gerüchte gehört, nach denen du das Release angeblich verzögerst.

Ich muss dich nicht daran erinnern, dass unsere Konkurrenz nicht schläft. Mit jedem weiteren Tag gehen unsere Marktanteile weiter zurück. Ich muss sicher sein, dass sich alle der Dringlichkeit bewusst sind. Insbesondere du, Bill. Wir haben heute um 10:00 Uhr ein Notfall-Projektmanagement-Meeting. Bitte komme dazu und bereite dich darauf vor, diese inakzeptablen Verzögerungen zu erklären.

Steve – ich weiß, wie wichtig dir dieses Projekt ist angesichts der Zusagen, die du dem Aufsichtsrat gegeben hast. Wenn du dafür Zeit findest, wäre es gut, wenn du ebenfalls teilnehmen könntest. Wir würden uns freuen, deine Sicht der Dinge zu hören.

Mit freundlichen Grüßen
Sarah

Hast du die E-Mail von Sarah gesehen?! Was für ein Bullshit!
Was ist denn los?
Brent hat die Konfiguration für die Phoenix-Entwickler nicht abgeschlossen. Und jetzt können sie uns nicht sagen, wie die Testumgebung aussehen soll.
Das ist echt frustrierend.
Wann haben sie uns darüber informiert?
Vor zwei Wochen.
Das Entwicklungsteam ist besessen davon, seine Termine einzuhalten. Aber sie denken erst jetzt darüber nach, wie sie das Projekt testen und deployen sollen.
Und das ist jetzt offenbar **unser** Problem.
SEUFZ Dieser Kleinkrieg zwischen Development und IT Operations sorgt für zu viele Probleme bei den Übergaben.
Wir müssen das in den Griff kriegen.
Schnapp dir alle Beteiligten aus beiden Abteilungen und sperre sie so lange in einem Raum ein, bis sie mit einer schriftlichen Spezifikation wieder herauskommen.
Gibt es noch etwas, das Sarah uns in die Schuhe schieben könnte?
Ich glaube nicht.
Das Problem beim Payroll-Lauf ist ein ziemlich guter Grund, warum Brent nicht mit seiner Arbeit fertig wurde.
Alles klar, wir sehen uns im Meeting.
Aber pass auf. Sarah wird da sein, und sie wird versuchen, uns alle auf den **Scheiterhaufen** zu werfen.
Klasse, ich kann es gar nicht abwarten.

Eine Stunde später ...
Hm ... Sarah gefällt es wohl, wenn ihre Untertanen ihrem Ruf folgen.
Die vielen Menschen aus den verschiedenen IT-Abteilungen haben offenbar das gleiche Ziel wie ich.
Na klar, viele Marketingprojekte sind ohne IT nicht machbar.
Steve Masters ist hier!! Der kommt sonst nie. Wir sind am Arsch.
Verdammt!
Da ist **Kirsten Fingle** aus dem Projektmanagementbüro. Ich bin froh, eine so **besonnene** Person hier zu sehen.
Und da ist **Sarah.**
Und **Chris Allers**, der für 200 Entwicklerinnen und Entwickler verantwortlich ist. Ständig soll er mehr Phoenix-Features mit weniger Zeit und Geld umsetzen.

Der erste Tagesordnungspunkt ist Phoenix.
Es gibt **schlechte** Nachrichten, die Deadline ist in **großer Gefahr**.
Letzte Woche gab es zwölf Aufgaben im kritischen Pfad von Phoenix Phase I. Nur **drei** davon wurden erledigt.
Also?
Die kritische Ressource ist **Brent**, der zu 100 Prozent damit beschäftigt war, das Payroll-Problem zu beheben.
Dies war ein unerwarteter Notfall, den wir priorisieren **mussten**. Jetzt kann Brent sich wieder auf Phoenix konzentrieren.
Blödsinn, Bill. Deine Leute scheinen einfach nicht zu verstehen, wie wichtig Phoenix ist.
Die Konkurrenz bringt uns um. Wenn wir unseren Marktanteil steigern wollen, **müssen** wir Phoenix endlich ausliefern. Aber dein Team kommt ja nicht in die Gänge.
Vielleicht priorisierst du nicht korrekt.
So langsam habe ich dieses **Unternehmenstheater** wirklich satt.
Dann erzähle mir mal, was wichtiger ist: unsere Fabrikarbeiter zu bezahlen ...
... oder die Phoenix-Tasks zu erledigen?
Steve hat mich angewiesen, das Payroll-Problem zu lösen. Wie hättest du das anders priorisiert als er?
Vielleicht, indem die IT das Problem gar nicht erst verursacht hätte?
Ich glaube, auf dich und dein Team ist einfach kein Verlass.
Deine Vorschläge sind stets willkommen ...

Wir haben fast **20 Millionen** für Phoenix ausgegeben und hängen fast **zwei Jahre** hinterher. Wir müssen endlich damit auf den Markt.
Chris, wenn wir die Verzögerungen durch Bills Gruppe berücksichtigen, wann können wir dann frühestens live gehen?
Wenn die virtualisierte Umgebung von Bills Team wie erwartet funktioniert, können wir Freitag in einer Woche starten.
Zwei Wochen?! Er ignoriert alles, was wir vor dem Deployment noch erledigen müssen!
Moment! Was versuchst du uns da anzuhängen? Wir haben erst heute vom Phoenix-Deployment erfahren!
Solange dein Team uns nicht einmal die Infrastrukturdetails mitteilt, können wir auch nicht die nötige Hardware bestellen. Die Lieferzeit beträgt übrigens **drei Wochen**.
Außerdem habe ich gehört, dass die Performance eures Codes so grottig ist, dass wir die schnellsten Server brauchen, die wir kriegen können. Und das wird unser Budget komplett zerschießen.
Ihr habt noch nicht mal euren Code richtig getestet, weil **das** den Zeitrahmen ganz gesprengt hätte.
Dieses Szenario kommt mir bekannt vor.
Es sind immer die Leute von IT Operations, die Heldentaten vollbringen, um zu vertuschen, wie schlimm es wirklich ist.
Neuer Ansatz: Wenn ich es schaffe, dass sich alle beruhigen, kann ich vielleicht an die Vernunft appellieren.
Ich verstehe ja den Wunsch, Phoenix möglichst schnell in Betrieb zu nehmen, aber ich glaube, es ist noch deutlich zu früh für ein Deployment.

Wir wissen weder, welches Equipment wir brauchen, noch sind irgendwelche Tests gelaufen, die unsere Schätzungen untermauern.
Außerdem fehlt uns sehr wahrscheinlich die adäquate Dokumentation, um die Sache produktiv einzusetzen, mal ganz abgesehen von Monitoring und Backup.
Ich möchte Phoenix genauso schnell auf den Markt bringen wie alle anderen hier. Aber eine schlechte User Experience könnte unsere Kunden vergraulen.
Chris, du kannst uns den Kram nicht einfach über den Zaun werfen und dir dann selbst auf die Schulter klopfen, weil du den Termin eingehalten hast.
Die Sache wird schiefgehen, und am Ende müssen meine Leute wieder die Nächte durcharbeiten, um alles am Laufen zu halten.
Jetzt komm mir nicht mit diesem Bullshit von wegen »über den Zaun werfen …«
Wir haben deine Leute zu unseren Architektur- und Planungsmeetings eingeladen. Meinst du, da hat sich auch nur **einer** blicken lassen?
Meistens müssen wir Tage oder **Wochen** warten, bis wir von euch das bekommen, was wir brauchen.
Ich hätte auch gerne mehr Zeit, aber wir wussten von Anfang an, dass die Deadline **nicht verschoben** werden kann. Diese Geschäftsentscheidung haben wir gemeinsam getroffen.
Genau!
Bill, Perfektion ist hier der Feind. Wir haben einfach nicht den Luxus, uns ewig Zeit zu lassen.
Wir müssen Gewinn machen, indem wir unsere Marktanteile zurückerobern. Und dafür muss Phoenix live gehen.

Steve hat absolut großartige Arbeit geleistet. Er hat das nicht nur den Analysten, sondern sogar den Leuten bei CNBC verkauft.
Ich glaube, niemand will jetzt den eigenen Kopf dafür hinhalten, dass wir noch später liefern als jetzt schon.
Stimmt. Wir haben uns gegenüber unseren Investoren und den Analysten dazu verpflichtet, Phoenix **in diesem Quartal** auszuliefern.
In der Vergangenheit hatten wir neun Monate Zeit eingeplant, um einfache Wasserspender in unseren Filialen zu installieren. Und alle fanden das vernünftig.
Und jetzt bei Phoenix, das **zehntausendmal** komplexer ist als die Installation von Wasserspendern, soll plötzlich eine Woche reichen, um den Roll-out zu planen und durchzuführen?
Ist das nicht ein bisschen leichtsinnig und unfair, Steve?
Bill, wir reden hier nicht von Wasserspendern, sondern von Phoenix.
Die Entscheidung ist bereits gefallen.
Ja, das ist sie.
Danke für deine Sicht auf die Risiken, Bill.
Sarah, wann soll Phoenix freigegeben werden?
Marketing-Launch ist **nächsten Samstag**, den 13. September. Phoenix wird um 17 Uhr am Vortag verfügbar sein.
Gut.
Halte mich über die Fortschritte auf dem Laufenden und gib Bescheid, wenn ich irgendwie helfen kann.

Na, das lief ja wirklich bestens, was?
Was zur Hölle ist da gerade passiert? Weiß irgendjemand, was nötig ist, damit wir diesen Launch unterstützen können?
Niemand hat eine Ahnung.
Früher wurde einfach auf einen Netzwerk-ordner gezeigt und gesagt: »Das muss deployt werden.«
Wir müssen ein riesiges Team zusammenstellen, Chris' Leute eingeschlossen. In den nächsten **neun Tagen** werden wir alle nur sehr wenig Schlaf bekommen.
Dieses »Alle Mann an Deck!«-Prinzip gehört in der IT einfach dazu. Trotzdem ist es frustrierend. Mit guter Planung wäre das nicht nötig gewesen.
Ruf dein Team zusammen und bitte Chris, das Gleiche zu tun. Alle müssen auf dem gleichen Stand sein.
Was meinte Chris damit, dass unsere Leute nicht an den Phoenix-Meetings teilgenommen haben?
Die Einladungen kamen meistens erst **in letzter Minute**. Ein paar Mal hatten wir aber auch genug Zeit.
Aber wegen verschiedener Eskalationen konnte eine wichtige Person nie hingehen. Du kannst dir schon denken, wer das war.
SEUFZ Brent?
Jepp.
Er erklärt dem Entwicklungsteam, wie die Dinge in der echten Welt funktionieren und was im Produktionsbetrieb kaputtgeht.
Die Ironie daran ist natürlich, dass er nicht mit den Entwicklern an der Problembeseitigung arbeiten kann, weil er ständig irgendwo Feuerwehr spielen muss.
Solange wir diesen Teufelskreis nicht durchbrechen, zieht uns das immer weiter nach unten.
Um dieses Deployment vorzubereiten, brauchen wir unsere besten Köpfe. Sorg dafür, dass Brent hier ist.

Das kann doch nicht wahr sein!
Probleme mit dem Laptop?
Ja, kannst du bitte beim Desktop-Support anrufen? Für Phoenix kommt eine Menge Arbeit auf uns zu. Ich brauche den Rechner dringend.
Mach ich sofort. Ich sage, der neue VP braucht ihn.
Ich habe übrigens gehört, dass du heute wohl nicht der Einzige mit diesem Problem bist.
Noch mehr zerschossene Laptops? Das Universum will es heute echt wissen.
Tu, was du kannst. Ich muss zu Pattys Enterprise-Change-Management-Meeting.
Zehn Minuten zu spät. Hoffentlich warten die nicht schon auf mich.
Willkommen zum CAB, Bill. Ich hoffe, du findest noch einen Platz.
Wo sind die alle?
Ich habe dir ja gesagt, dass das Change-Management hier nicht so ernst genommen wird. Im Moment weiß die linke Hand kaum, was die rechte tut.
Das ist **nicht akzeptabel**.
Change-Management-Meetings sind nötig, um die Arbeit zu koordinieren und zu priorisieren.

Wo liegt das Problem?
Ich weiß es nicht. Wir haben eine Menge Leute zum ITIL-Training geschickt, damit sie die Best Practices lernen. Wir haben sogar externe Berater angeheuert.
Und trotzdem haben wir nur einen tollen Prozess auf Papier, an den sich aber niemand hält, und Werkzeuge, die niemand benutzt.
Wenn ich darauf dringe, gibt es nur Beschwerden und Klagen.
Solche Initiativen müssen von oben kommen – und dann auch durchgehalten werden.
In Ordnung. Ab sofort können sie mit ihren Beschwerden und Ausreden zu mir kommen.
Wir starten den Change-Management-Prozess neu. Wenn jemand ein Change-Management-Meeting auslassen will, braucht er wohl ein bisschen Nachhilfe.
Und zwar von **mir**.
Setze bitte ein neues CAB-Meeting an. Ich werde eine E-Mail rausschicken, damit alle wissen, dass die Teilnahme **verpflichtend** ist.
Der Support hat dir einen Ersatz-Laptop hiergelassen. Obwohl sie es eine halbe Stunde versucht haben, konnten sie deinen Laptop nicht starten.
Der sieht ja aus, als wäre er zehn Jahre alt.
Der Typ vom Support meinte, das wäre alles, was sie heute haben. Irgendein **Sicherheitspatch** hat fast 200 Laptops lahmgelegt.
Mist. Stimmt, es ist **Patch-Dienstag**. Der Tag, an dem John und sein Team die Updates aufspielen – natürlich mit den üblichen Problemen.
Danke, Ellen. Ich muss noch eine E-Mail verschicken. Danach möchte ich mit Wes über die Laptop-Situation sprechen.

Von: Bill Palmer
An: Wes Davis, Patty McKee, IT Operations Management
Datum: 3. September, 14:43
Wichtigkeit: **Hoch**
Betreff: **Verpflichtendes CAB-Meeting am Freitag, 14:00 Uhr**
Ab sofort gilt: Managerinnen und Manager müssen an allen angesetzten CAB-Meetings teilnehmen. Wir werden den Change-Management-Prozess bei Parts Unlimited wiederbeleben und ihn Wort für Wort befolgen.
Vielen Dank für die Unterstützung
Bill
Hast du einen Moment Zeit, um über die Laptops zu sprechen? Wir brauchen Ersatzgeräte für unsere Mitarbeitenden, damit sie ihre Arbeit erledigen können.
Ja, wir sind dran.
Aber ich möchte über deine E-Mail zum Change-Management sprechen.
Das letzte Mal, als wir es mit diesem Change-Management-Idealismus probiert haben, ist das Ganze direkt vor die Wand gefahren.
Niemand – und ich meine wirklich **kein Einziger** – hat auch nur eine Aufgabe erledigt bekommen. Es war absolut lächerlich und totale Zeitverschwendung.
Meine Leute verbringen die Hälfte ihrer Zeit mit Papierkram und damit, in diesem verdammten CAB-Meeting zu sitzen.
Ich verstehe dich, aber eine zweite Payroll-Katastrophe können wir uns nicht leisten.
Wes, ich muss dich dabeihaben – du musst mithelfen, eine **Lösung** zu finden. Sonst bist du Teil des **Problems**.
Kann ich auf dich zählen?
Ja, sicher.
Aber du kannst dich auch darauf verlassen, dass ich den Mund aufmache, wenn irgendein Bürokratiemonster versucht, uns den letzten Lebenswillen zu nehmen.
Ich hatte gedacht, dass IT Operations von den Entwicklern und anderen Abteilungen bedrängt wird.
Aber jetzt frage ich mich, ob Operations überhaupt mit sich selbst klarkommt.

KAPITEL 5 DONNERSTAG, 4. SEPTEMBER

08:00 UHR

Wir sind gerade mit unserem internen Audit für das dritte Quartal fertig geworden, das die anstehenden externen SOX-Audits vorbereiten soll.
Und wir haben eine kritische Situation ... es gibt eine unerwartet hohe Zahl an IT-Sicherheitsproblemen.
Das könnte zu nachteiligen Kommentaren in unseren 10-K-Dokumenten für die US Securities and Change Commission führen.
Mist. Das könnte das gesamte Geschäft gefährden und noch mehr schlechte Presse in den Finanznachrichten bedeuten.
Tim, bitte stell uns deine Ergebnisse vor.
Dies ist ein Audit der kritischen Finanzsysteme. Vier Personen haben acht Wochen an diesem Bericht gearbeitet.
Das müssen ja über 1.000 Punkte sein!
Leider ja. Wir machen uns große Sorgen.
Uns bleibt nur noch sehr wenig Zeit, also müssen wir uns auf der Stelle um die Behebung der Mängel kümmern.
So ein verdammter Mist!
»Punkt 127. Unsichere Windows-Einstellung MAX_SYN_COOKIE«? Ernsthaft?
Leute, wir müssen hier ein echtes Unternehmen am Laufen halten. Das Zeug ist doch nur eine Vollzeitbeschäftigungstherapie für die Auditoren.
Wes, das reicht.
Nancy, was heißt das für uns?

Leider ist die Phase der Control-Reviews und Tests **vorbei**.
Wir brauchen deinen »Management Response Letter«. Du musst die Punkte untersuchen, sie bestätigen und einen Plan zur Nachbesserung erstellen.
Normalerweise hättest du mehrere Monate Zeit dafür. Die Auditoren sind aber schon **in drei Wochen** hier. Wir brauchen deine Antwort also Montag in einer Woche.
Schaffst du das?
Mist, das sind gerade mal sechs Arbeitstage.
Und die Hälfte der Zeit brauchen wir, nur um das Dokument zu lesen.
Einige der Punkte beziehen sich auf unzureichende Sicherheitseinstellungen, Ghost-Accounts und Probleme mit dem Change-Management und der Funktionstrennung.
Bill, ich habe viele dieser Punkte schon mit Wes und deinen Vorgängern besprochen. Das Ergebnis war ein Management Waiver.
Da die Probleme immer wieder auftreten, müssen wir uns ...
... jetzt darum kümmern, sonst bekommen wir die Sache nie in den Griff.
Nancy, ich weiß wirklich nicht, was ich bis Freitag liefern kann. Wir stecken bis zum Hals in Arbeit an der Wiederherstellung und der Unterstützung für Projekt Phoenix.
Was sind die wichtigsten Punkte, auf die wir auf jeden Fall reagieren müssen?
Da gibt es eine möglicherweise bedeutende Sicherheitslücke, durch die nicht genehmigte oder ungetestete Änderungen in Applikationen für Finanzberichte eingespielt werden können.
Außerdem gibt es keine Protokolle zu den vorgeschriebenen wöchentlichen Change-Management-Meetings.
Das könnte zu weiteren schwerwiegenden Fehlern führen, weil es keine Kontrolle gibt, die eventuelle Änderungen erkennen oder verhindern könnte.

Das passiert, wenn niemand an den CAB-Meetings teilnimmt.
Und während des Payroll-Problems waren wir so sehr auf Johns Verschlüsselungsänderungen fixiert, dass am Ende das SAN zerschossen war.
Wenn wir keine Ahnung von **diesen** Änderungen hatten ...
... würden wir es vermutlich auch nicht bemerken, wenn jemand eine betrügerische Überweisung von 100 Millionen Dollar vornimmt.
Wirklich? Das ist ja unglaublich! Ich werde mich darum kümmern.
Als Nächstes haben wir zahlreiche Serverinstanzen gefunden, bei denen Entwickler administrativen Zugriff auf Applikationen und Datenbanken im Produktivbetrieb haben.
Das verletzt die vorgeschriebene Funktionstrennung, die betrügerische Vorgänge verhindern soll.
Was?! Entwickler führen ohne genehmigte Änderungsanweisun riskante Änderungen an Applikationen durch?
Was würde passieren, wenn jemand einen Entwickler zwin etwas Unerlaubtes zu tun?
Dagegen müssen wir etwas tun, richtig, John?
Äh, sicherlich. Ich stimme zu und helfe gerne mit.
Gut. Machen wir mit den 16 kritischen Punkten weiter.
Die meisten dieser Punkte haben die gleiche Qualität wie die endlosen, nutzlosen Berichte, die wir von der Information Security bekommen.
Ich hänge in einem unendlichen Hamsterrad fest.
Jedes Quartal flutet Information Security unsere Posteingänge mit Listen voll mit Empfehlungen für sicheres Arbeiten.

EINE STUNDE SPÄTER ...
... und das ist das Ende der Liste.
Einige der Audit-Ergebnisse bieten eine großartige Gelegenheit, ein paar Sicherheitslöcher zu stopfen.
Bill, falls du Hilfe brauchst, mein Team hat Erfahrung mit dem Patchen von Systemen.
Echt jetzt? Ihr habt doch keine Ahnung!
Auf diesen antiken Servern laufen extrem wichtige Systeme, und die sind äußerst fragil.
Wenn ihr daran herumschrauben wollt, dann viel Spaß!
Aber **du** erklärst sämtlichen Betriebsleitern **persönlich**, was passiert ist, wenn uns alles um die Ohren fliegt. Einverstanden?
Ach wirklich?
Und was wäre, wenn wir überall in den Nachrichten sind, weil wir Kundendaten verloren haben, die wir eigentlich schützen sollten?
Warum entschuldigst **du** dich nicht **persönlich** bei den Tausenden – oder Millionen – von Familien, deren Daten von Cyberkriminellen verkauft werden?
Jetzt beruhigt euch mal wieder. Wir wollen doch alle das Richtige für die Firma tun.
Wir müssen nur herausfinden, wofür wir Zeit haben und was tatsächlich noch gepatcht werden kann.
Wes, Patty und ich können die Untersuchungen zu den einzelnen Punkten delegieren ...
... aber wer erledigt die eigentliche Arbeit?
Wir stecken schon bis zum Hals in Phoenix. Dieses riesige neue Projekt könnte der Tropfen sein, der das Fass zum Überlaufen bringt.

Ich mache mich mit meinem Team sofort an die Arbeit, und wir überlegen uns einen Plan.
Ich kann zwar nicht versprechen, dass wir fristgerecht fertig sind ...
... aber ich **kann** versprechen, dass ich alles tun werde, was möglich ist. Reicht dir das?
Ja. Einziges Ziel dieses Meetings war es, die vorläufigen Audit-Ergebnisse zu besprechen und die nächsten Schritte zu planen.
Lasst uns Schluss machen.
Danke, Nancy.
Wes, Patty, bitte bleibt noch einen Moment.
Ich werde auch noch bleiben.
Das ist eine Katastrophe. Meine Ziele und Boni hängen von einem sauberen Compliance-Bericht für die Audits ab.
Und das klappt nicht, weil ihr Ops-Leute euren Job nicht gebacken kriegt!
Willkommen im Klub.
Hör zu. Sarah und Steve wollen das Deployment von Projekt Phoenix auf nächsten Freitag vorziehen und alle Sicherheits-Reviews überspringen.
Du solltest vermutlich so bald wie möglich mit Chris und Sarah sprechen.
Was zur Hölle?!
KNALL

Phoenix belegt alle unsere wichtigen Ressourcen.
Wir haben nicht zufällig noch ein paar Leute auf der Ersatzbank, die wir auf die Audit-Ergebnisse ansetzen können, oder?
Die Technologie-chefs müssen auf jeden Fall dabei sein.
Die sind aber alle mit Phoenix beschäftigt. Sollen wir die hierauf ansetzen?
Für einige dieser Punkte werden wir wohl Brent brauchen.
Ach komm! Brent?!
Es ist mir egal, wie begabt er ist. Wenn du sagen willst, dass unsere Organisation ohne ihn nichts gebacken kriegt, haben wir echt ein Problem.
Er ist einer unserer besten Leute. Er weiß, wie der Laden hier läuft, und versteht, wie unsere unternehmensweiten Anwendungen zusammenarbeiten.
Der Typ weiß vermutlich sogar mehr als ich …
Du bist ein Senior-Manager. Das sollte für dich selbst ebenso wenig akzeptabel sein wie für mich!
Wie viele Brents brauchst du denn noch? Einen, zehn oder hundert?
Wenn ich Steve nach mehr Ressourcen frage, will ich nicht, dass du später angekrochen kommst und noch mehr brauchst.
Als würde das funktionieren.
Wenn wir damit zum Management gehen, werden die nicht nur Nein sagen, sondern unser Budget womöglich noch weiter kürzen – wie in den letzten fünf Jahren immer wieder.
Und dabei werden wir von allen Seiten mit immer neuen Forderungen überschüttet.
Ich habe versucht, mehr Senior-Engineers einzustellen. Die Hälfte hat gekündigt, und der Rest schafft nicht genug.
Außerdem musste Brent die Neuankömmlinge schulen. Das heißt, er ist sogar noch mehr unter Wasser als vorher.
Du sagst, dass unsere To-do-Liste ständig weiter gefüllt wird.
Wie sieht die Liste denn im Moment aus? Wo kann ich eine Kopie bekommen? Und wer ist dafür verantwortlich?
Na ja, da sind einmal die Businessprojekte und dann noch die verschiedenen IT-Infrastrukturprojekte.
Und dabei sind viele Zusagen noch nicht einmal dokumentiert.
Wie viele Businessprojekte? Wie viele Infrastrukturprojekte?
Die Liste der Businessprojekte kann ich von Kirsten organisieren, aber die Infrastrukturprojekte laufen nicht über das Projektmanagementbüro.

Patty, du musst mir helfen, herauszufinden, welche Zusagen wir schon gemacht haben. So habe ich eine Grundlage für ein Gespräch mit Steve über neue Ressourcen.
Das ist genau mein Ding.
Die meisten wichtigen Audit-Probleme haben mit dem Fehlen eines funktionierenden Change-Management-Prozesses zu tun.
Am Ende wirst du noch die beste Freundin der Auditoren.
Auditoren haben Freunde?
Reden wir über ein noch höher angesiedeltes Problem – die Liste unserer unternehmensweiten Zusagen.
Wie groß ist die Liste, und wie wird sie gefüllt?
Für die offizielle Liste mit den Businessprojekten ist Kirsten zuständig. Und an fast allen sind wir irgendwie beteiligt.
Es gibt keine zentrale Projektliste. Unsere eigenen IT-Ops-Projekte werden normalerweise von den Budget-Ownern betreut.
Außerdem gibt es noch inoffizielle Aufgaben, die die Leute vom Servicedesk neben ihren eigentlichen Jobs erledigen müssen. Viele wenden sich einfach an ihre Lieblings-IT-Person.
Das heißt, wir haben gar keine Ahnung, wie unsere Liste mit Verpflichtungen aussieht? Echt jetzt?
Bis jetzt hat noch niemand danach gefragt.
Wir können doch aber keine neuen Zusagen machen, wenn wir nicht einmal unsere aktuellen Verpflichtungen kennen!

Ich brauche eine Schätzung des Arbeitsaufwands, um die Audit-Ergebnisse umzusetzen, und einen Überblick über die Ressourcenzusagen, die davon betroffen wären. Das gilt für die Audit- und die Phoenix-Projekte.
Und ich möchte die Beteiligten vorher über mögliche Änderungen informieren, damit sie nicht überrascht sind.
A-aber, dann müssen wir ja mit fast **allen** reden.
Wir können doch nicht herumlaufen und die Zeit unserer besten Leute verschwenden. Die haben echt was Besseres zu tun!
Ich brauche bloß einen Einzeiler, der beschreibt, welche Arbeit es gibt und wie lange ungefähr dafür gebraucht wird!
Sag den Leuten, dass wir versuchen, mehr Ressourcen zu bekommen. Wir wollen weder outsourcen oder jemanden feuern. Ich möchte Missverständnisse vermeiden.
Das hätten wir schon längst tun sollen. Oft verringern wir die Priorität, ohne darauf zu achten, **was** verzögert wird. Das geht so lange gut, bis sich jemand über nicht erledigte Aufgaben beschwert.
Du brauchst also eine Liste mit Zusagen der IT-Organisation von unseren wichtigsten Mitarbeitern. Außerdem eine kurze Beschreibung, woran gerade gearbeitet wird und wie lange das dauern wird.
Stimmt das so?
Genau. Bonuspunkte gibt es, wenn du und Wes herausfindet, welche Ressourcen am stärksten überlastet sind und wie viele neue Leute wir brauchen.
Auf dieser Grundlage kann ich dann Steve um mehr Personal bitten.
Wir können 15-Minuten-Interviews organisieren, Daten aus unserem Servicedesk und dem Ticketing-System ziehen, die Projektliste von Kirsten besorgen ...
Und wir können in unserem Budget-Tool nachsehen, welche Personal- und Hardwareanforderungen wir gestellt haben.
Gut mitgedacht!
Treffen wir uns spätestens am Freitag wieder, um zu sehen, was ihr rausbekommen habt. Wenn ich mich am Montag mit Steve treffe, brauche ich echte Daten.
Endlich kommen wir voran.

KAPITEL 6 FREITAG, 5. SEPTEMBER

Schauen wir mal, wie viele Ressourcen wir haben. Das ist nicht ganz so einfach, weil wir nicht einfach irgendjemandem ein bestimmtes Projekt zuteilen können.
Wir haben uns angeschaut, wer an welchem Projekt arbeitet, welche anderen Verpflichtungen diese Leute haben und wie verfügbar sind. Es sieht nicht gut aus.
Die meisten Ressourcen gehen für Phoenix drauf. Und sieh dir mal die nächste Zeile an: Compliance ist die nächste Großbaustelle.
Selbst wenn wir uns nur um Compliance kümmern, würde das fast alle unserer wichtigsten Ressourcen für ein ganzes Jahr beanspruchen! Inklusive Brent.
Ernsthaft? Ein ganzes Jahr?
Jepp. Schwer zu glauben, aber es zeigt einfach, wie viel Arbeit die Audit-Ergebnisse bedeuten.
Hätte man mir diese Zahlen bei meinem ersten Gespräch mit Steve gezeigt, wäre ich wie ein kleiner Junge schreiend aus dem Raum gerannt.
Okay. Das ist immer noch besser als Nichtwissen. Macht weiter.
Unsere drittgrößte Belastung ist die Arbeit an Problemen und die Behebung von Ausfällen. Das kostet 75 % unserer Zeit und betrifft häufig kritische Businesssysteme.
Gestern mussten wir Brents Interview zur Arbeitsbelastung zweimal verschieben. Beide Male wegen Ausfällen, die für Unterbrechungen bei Phoenix und für andere dringende Vorfälle gesorgt haben.
Moment. Was für Ausfälle? Warum weiß ich davon nichts?
So können wir unsere Abteilung nicht weiterführen!
Es war nichts Kritisches. Vor ein paar Monaten ist ein Laufwerk gestorben. Dadurch lief das SAN ohne Redundanz.
Als dann **noch** ein Laufwerk kaputtging, hat sich das gesamte Volume verabschiedet. Brent musste helfen, einige Datenbanken wiederherzustellen, als wir das SAN wieder am Laufen hatten.

Das hätte man doch verhindern können!
Wir müssen auf präventive Wartung setzen. Brent muss sich um **Phoenix** kümmern, nicht um diesen Scheiß!
Hey, die Sache ist etwas komplizierter.
Wir haben ja Ersatzlaufwerke bestellt, aber die hängen seit Wochen in der Beschaffungsabteilung fest.
Wir mussten einen Lieferanten bitten, uns das Laufwerk auf Kredit zu liefern. Das ist nicht unsere Schuld.
Wes, hör zu.
DAS IST MIR EGAL!
Die Beschaffungsabteilung interessiert mich nicht. Es ist mir egal, wie nett deine Lieferanten sind. Mach einfach deinen Job.
Das darf nicht noch einmal passieren!
Tief durchatmen. Ich bin nicht sauer, weil das Laufwerk ausgefallen ist ...
... sondern weil wir uns einfach nicht auf die Dinge konzentrieren können, die für das Unternehmen wichtig sind.
Lass uns das nicht weiter vertiefen. Aber schnapp dir jemanden, der täglich nach dem SAN schaut. Und setze ein Meeting an, damit wir diese Ausfälle in den Griff bekommen.
Wir müssen herausfinden, wie wir das Reparieren von Ausfällen verringern können, damit wir uns um die Projektarbeit kümmern können.
Wenn Phoenix nicht läuft, steht die ganze Firma auf dem Spiel.
Alles klar, verstanden. Ich versuche, das noch vor dem Phoenix-Roll-out hinzubekommen. Und um das SAN-Problem kümmere ich mich heute Nachmittag.
Okay. Zurück zum Spreadsheet.

Die einzige Gemeinsamkeit bei den Interviews war, dass alle Probleme haben, zu priorisieren und an den Projekten weiterzuarbeiten.
Die Businesstypen bitten unsere Leute ständig, irgendwelche Sachen für sie zu erledigen. Vor allem die vom Marketing.
Wie können wir das ändern und die Ressourcen bekommen, um alle diese Projekte ordentlich abzuarbeiten? Um was sollten wir Steve bitten?
Nach unseren Zahlen müssen wir vermutlich **sieben Leute** einstellen.
Natürlich müssen wir die erst mal finden, und dann dauert es noch einmal **sechs bis zwölf Monate,** bis wir sie produktiv einsetzen können.
Klar, das dauert.
Später am Tag ...
... und dann hat Patty ihn gefeuert, weil er seinen Job nicht gemacht hat. Er war einer unserer besten Netzwerktechniker.
Diese Entscheidung lag nicht bei dir!
CAB Meeting
Was? Du hast die Kündigung doch selbst unterschrieben! Was kann ich denn dafür?
Wir haben jetzt schon seit drei Jahren beim Audit die gleichen Probleme mit dem Change-Management.
Und nächstes Mal fliegt nicht nur ein Techniker raus, damit das klar ist.
Moment. Wer hat **John Pesche** zu diesem Meeting eingeladen?

Hallo zusammen! Sind wir bereit, uns ein paar Änderungen anzusehen?
Bei der Dringlichkeit von Phoenix könnt ihr euren Hintern darauf verwetten, dass ich keine Zeit verschwenden würde, wenn es nicht so wichtig wäre.
Erstens: Die Ereignisse, die zu den SAN- und Payroll-Ausfällen geführt haben, dürfen nicht noch einmal eintreten.
Was als mittelgroßer Zwischenfall bei der Gehaltsabrechnung begann, hat sich zu einer massiven hausgemachten SAN-Katastrophe entwickelt.
Und warum?
Weil wir nicht kommunizieren, welche Änderungen geplant sind oder implementiert werden. Das geht so **nicht** weiter.
Zweitens: John hat recht. Wir waren gestern Morgen bei den Auditoren und haben jede Menge Mängel diskutiert, die sie gefunden haben.
Dick Landry macht sich bereits ernsthafte Sorgen, weil sich das auf unseren Finanzbericht für dieses Quartal auswirken könnte.
Wir müssen unsere Changes unter Kontrolle bringen. Dafür brauchen wir einen nachhaltigen Prozess, um Pannen zu vermeiden, die Auditoren zufriedenzustellen und unsere Leute produktiver zu machen.
Wir werden diesen Raum erst verlassen, wenn wir dafür einen Plan haben, verstanden?
Also, was hält uns davon ab, unser Ziel zu erreichen?

Ich fange an.
Im Change-Management-Werkzeug gibt es eine Million Pflichtfelder und Drop-downs, die aber nicht das enthalten, was ich brauche.
Das ist kein Witz. Nach Pattys Regeln müssen wir Hunderte Servernamen von Hand in ein winziges Textfeld eintragen.
Wer hat das Formular gebaut?
Wir brauchen die Drop-downs für die Datenintegrität.
Ich habe einfach nicht die Ressourcen, den Applikationskatalog und die Change-Management-Datenbank aktuell zu halten.
Glaubt ihr etwa, die aktualisieren sich auf magische Weise selbst?
Patty, es geht nicht nur um das Werkzeug. Der gesamte Prozess ist kaputt.
Vom Eintragen der Change Requests bis zur Genehmigung dauert es ewig. Von der Terminplanung will ich gar nicht reden.
Das ist Quatsch. Deine Leute halten sich einfach nicht an die Regeln ...
Okay. Genug jetzt.
Ich habe hier einen Stapel Karteikarten. Alle notieren darauf die von ihnen geplanten Änderungen, eine Änderung pro Karte.
Ich brauche drei Informationen: wer die Änderung plant, welches System geändert werden soll und eine kurze Zusammenfassung in einem Satz.
Ich zeichne einen Kalender an das Whiteboard. Hier heften wir genehmigte Änderungen nach dem Termin für ihre geplante Implementierung an.
Echt jetzt? Karteikarten? In unserer Zeit?
Warum benutzen wir nicht deinen Laptop? Der ist bestimmt noch älter als Papier.
So einen Change-Management-Prozess habe ich zwar noch nie gesehen, aber ich werde meine Änderungen ans Whiteboard heften.

»Ich plane Änderungen an der Datenbank. Vom Hersteller empfohlenes Wartungsskript für die Datenbank auf dem Octave-Server XZ577 ausführen, um Filial-POS-Performanceprobleme zu beheben.«
»Betrifft die Order-Entry-Datenbank und die Anwendungen. Wir möchten dies am nächsten Freitagabend um 20:30 Uhr erledigen.«
Das ist keine Änderung! Da wird doch nur ein Datenbankskript ausgeführt. Wenn du das Skript ändern würdest, könnten wir darüber reden.
Der Nächste.
Das ist definitiv eine Änderung. Sie verändert temporär die Datenbankeinstellungen. Die Auswirkungen auf den Produktivbetrieb sind unklar. Für mich ist das so riskant wie eine Änderung der Datenbankkonfiguration.
Mist! Ist das jetzt eine Änderung oder nicht? Ich kann beide Seiten verstehen.
Okay Leute. Wir müssen erst definieren, was eine Änderung ist ...
Zeit vergeht, während die Anwesenden verschiedene Argumente diskutieren ...
Wie wäre es hiermit? Eine »Änderung« ist jede Aktivität, die sich physisch, logisch oder virtuell auf Anwendungen, Datenbanken, Betriebssysteme, Netzwerke oder Hardware auswirkt und die bereitgestellten Dienste beeinflussen kann.
Alle, die damit einverstanden sind, heben bitte die Hand.
90 Minuten sind um, und wir haben noch keine einzige Änderung verabschiedet.
Immerhin ist niemand außer mir frustriert. Alle haben lebhaft mitdiskutiert, selbst Patty.
Okay, Leute. Wir machen Montag weiter. Lasst Patty so schnell wie möglich eure Karten zukommen.

Das war ein tolles Meeting.
Ich wünschte, wir hätten mehr Zeit, um Änderungen zu besprechen.
Ich freue mich schon auf Montag.
Wir haben eine Menge Blut, Schweiß und Tränen in unsere alten Change-Management-Regeln gesteckt, aber alle haben sie ignoriert.
Ich weiß, dass jede Menge gute Arbeit in all diese Prozesse geflossen ist. Aber niemand hat sich daran gehalten.
Das haben auch die Auditoren gesagt.
Wir wissen außerdem, dass das System ausgetrickst wurde, nur um die Arbeit erledigen zu können.
Vielleicht machen wir einen Neustart. Aber damit das funktioniert, brauchen wir deine Erfahrung und deine Fähigkeiten.
Es ist immer noch dein Prozess, und wir brauchen ihn, wenn wir erfolgreich sein wollen.
Okay. Ich glaube, unser Überleben ist mir wichtiger als unser alter Prozess.
Wie wäre es, wenn ich die Ergebnisse des Meetings und die neuen Anweisungen für das Einreichen von Change Requests aufschreibe?
Klingt super! Halte mich auf dem Laufenden.
Später am Nachmittag holt Patty Bill aus dem Phoenix War Room …
Was gibt's?
Wir haben ein Problem.
Ich dachte, wir müssten nächste Woche 50 Änderungen oder so begutachten. Aber es sind jetzt schon 245.
Und immer mehr Leute schicken mir E-Mails, die übers Wochenende noch weitere Karten ankündigen.
Ich glaube, wir müssen nächste Woche mit über 400 Änderungen rechnen.
Heilige Scheiße, 400?
Wie viele dieser Änderungen haben ein hohes Risiko oder könnten sich auf Phoenix oder die Payroll-Applikation auswirken – oder noch schlimmer?
Immerhin halten sich die Leute jetzt an den Prozess …
Sollten wir bei so vielen Änderungen das Einreichen stoppen, damit wir die erste Welle genehmigen können?
Auf gar keinen Fall.
Verschicke eine E-Mail an alle, dass Änderungen, die bis Montag eingereicht werden, nicht genehmigt werden müssen. Alle Änderungen danach schon.
Keine Ausnahmen.
Alles klar!

KAPITEL 7 FREITAG, 5. SEPTEMBER

Diese Donuts mögen meine Frau und ich am liebsten.
Als wir uns kennenlernten, standen wir fast jeden Freitag 20 Minuten lang in der Schlange, um unsere Dosis zu bekommen.
Verstehe ich gut. Diese Donuts sind wirklich einmalig. Nicht gerade gut für meine aktuelle Low-Carb-Diät, aber ...
Erik Reid.
Schön, dich zu treffen, Erik. Ich bin Bill, Bill Palmer.
Setz dich. Ich habe gehofft, mit allen IT-Leitern zu sprechen, während ich in der Stadt bin.
Natürlich musste ich mit Steve sprechen und ...
Ähm, wie heißt euer CFO noch mal? Darren? Dale? Ach, egal.
Die schienen ganz nett zu sein. Vielleicht ein wenig blauäugig, aber ...
Ich habe auch mit eurem Entwicklungsmenschen gesprochen. Cary? Calvin? Und dann mit dem Sicherheitstyp, Jimmy, und mit Sylvia, der Retailing-Dame.
Wow, der bringt wirklich alle Namen durcheinander.
Verstehe. Und wie ist dein Eindruck bis jetzt?
Erinnert mich ein bisschen ans Fegefeuer ...
IT Operations hat sich anscheinend in jeden Arbeitsablauf eingeklinkt, inklusive des wichtigsten Firmenprojekts.
Die Executives springen im Dreieck und legen eurem Entwicklungsmenschen die Daumenschrauben an, damit er alles tut, was nötig ist, um in Production zu gehen.
Verdammt, das klingt nicht gut.

Ihr habt chronische Probleme mit der IT-Verfügbarkeit, die dafür sorgen, dass die Verantwortlichen auf den Titelseiten stehen.
Das Audit ist hinter euch her, was noch mehr schlechte Presse bedeuten könnte und möglicherweise eine unschöne Fußnote im Quartalsbericht.
Und jedem, der etwas über Phoenix weiß, ist bewusst, dass es wohl noch mehr schlechte Nachrichten geben wird ...
Streich schon mal alle deine Termine, wenn das Ding landet ...
HAR-HAR!
Das sieht nicht gut für dich aus, Kumpel.
Jedenfalls nicht für ein zukünftiges Aufsichtsratsmitglied, das deine Leistungen begutachten und bewerten soll.
Steve hat mich vor drei Tagen gebeten, den Job zu übernehmen. Seitdem gab es eine Menge Überraschungen ...
Haha! Überraschungen. Das kann ich mir denken.
Also, wie willst du das Schiff wieder auf Kurs bringen?
Ehrlich gesagt, versuche ich immer noch, einen Überblick zu bekommen.
Die meiste Zeit werde ich aber von einem Notfall zum nächsten katapultiert.
Ich weiß, dass wir die Arbeit strenger und disziplinierter angehen müssen.
Ich versuche herauszufinden, welche Prozesse nötig sind, um unsere Arbeit zu erledigen.
Außerdem müssen wir die Prozesse verbessern, damit wir uns nicht mehr selbst ins Knie schießen.
Und das nur, um erst mal aus dem Feuerwehrmodus herauszukommen.
Ich versuche immer noch, ein Projekt zum Abarbeiten der Audit-Ergebnisse, das gerade vom Himmel gefallen ist, mit Mitarbeitern zu besetzen.
Mit unseren Zusagen sind wir ernsthaft hinterher. Entweder brauchen wir mehr Leute, oder wir müssen deutlich effizienter werden, um die Arbeiten erledigen zu können.

»Strenge und Disziplin«? Warst du zufällig Unteroffizier beim Militär?
Ein E-5, oder?
Das stimmt. E-5. US Marine Corps. Woher weißt du das?
Einfach gut geraten. Aber du hast recht. Strategien können erst umgesetzt werden, wenn du die Taktik gemeistert hast …
Aber was bei Marines gilt, wird niemals klappen, wenn man sich ansieht, wie der Zirkus hier läuft.
Moment. Sind Strenge und Disziplin etwa nicht wichtig?
Natürlich sind sie das! Aber dein Problem ist größer. Und das hat nichts mit »Effizienz« oder »Prozessen« zu tun.
Dein aktuelles Problem ist, dass du offensichtlich gar nicht weißt, was »Arbeit« eigentlich bedeutet.
Was ist das denn für ein Clown?
Natürlich weiß ich das. Wir erledigen jeden Tag Arbeit!
Also gut …
Wie genau definierst du »Arbeit«?
Steve hat ziemlich deutlich klargemacht, dass Phoenix endlich fertig werden muss. Für mich ist das Arbeit.
Ja, das ist sicherlich eine Form der Arbeit.
Was soll das heißen?
Dir fehlen noch drei andere Arten von Arbeit, für die IT Operations auch zuständig ist.
Für mich hast du nicht ansatzweise das Verständnis von Arbeit, das nötig ist, um deine Probleme mit Projekt-Deliverables, Ausfällen und Compliance zu lösen.

Schnapp dir deine Sachen. Wir machen einen Ausflug.
Ich habe zu viel zu tun, um noch mehr Zeit mit diesem Typ zu verschwenden.
4:17
Du kriegst vermutlich gar nicht mit, wenn deiner Abteilung Arbeit zugewiesen wird.
Und wenn du das nicht erkennst, kannst du auch keine Arbeit managen, geschweige denn organisieren, in eine Reihenfolge bringen oder garantieren, dass die Aufgaben abgeschlossen werden.
Stimmt das? Vielleicht hatten wir deshalb Schwierigkeiten, die Liste mit allen Zusagen an die Firma zu erstellen …
Wir fahren zu einer unserer Fertigungsstätten. Ich möchte dir etwas zeigen.
Was in aller Welt?
Jahrzehntelang hat sich die halb fertige Ware hier bis zur Decke gestapelt. Manchmal konnte man nicht einmal das andere Ende des Gebäudes sehen.
Inzwischen wissen wir, dass das WIP, also »Work in Progress« – das Zeug, das gerade hergestellt wird –, zu den Hauptgründen für unsere Probleme mit Lieferterminen und der Qualität gehört. Sie war schuld, dass die Disponenten die Prioritäten ständig neu anpassen mussten.
Erstaunlicherweise hat die Firma das trotzdem überlebt.

In den 1980ern wurden hier drei unglaubliche, wissenschaftlich fundierte Managementmethoden umgesetzt.
Du hast sicher schon von der **Theory of Constraints** oder Engpasstheorie, von **Lean Production**, auch als Toyota-System bekannt, und vom **Total Quality Management** gehört.
Diese Trends begannen zwar an verschiedenen Orten, sind sich aber in einem Punkt einig: WIP ist der stille Killer.
Daher ist einer der wichtigsten Mechanismen beim Managen jeder Fertigungsanlage die Arbeits- und Materialfreigabe. Ohne sie hast du das WIP nicht im Griff.
Hallo Dr. Reid. Schön, Sie zu sehen.
Kaum zu glauben, dass Sie bald vielleicht schon im Aufsichtsrat sitzen!
Dies ist Bill Palmer, einer Ihrer VPs.
Ich war früher schon mal hier. Wir würden uns gern einen Überblick über die Fabrikhalle verschaffen. Können wir auf den Laufgang?
Security
Klar! Das können wir bestimmt für Sie arrangieren.
Wie viele Treppen müssen wir hoch?
Ich glaube, fünf oder so.
Das wird klasse. Es wird dir bestimmt gefallen.
Ich bin nicht sicher, ob das, was uns oben erwartet, den Aufwand wirklich lohnt.

Schau mal da runter. Auf beiden Seiten des Gebäudes gibt es Laderampen. Auf der einen Seite kommt das Rohmaterial an, auf der anderen verlassen die fertigen Waren die Halle wieder.
Bestellungen kommen aus dem Drucker da hinten.
Das alles ist WIP, **»Work in Progress«, also alles in »laufender Arbeit«** für Frischlinge wie dich ...
... es wandert von einem Ende der Halle zum anderen, wo es als fertige Ware an die Kunden verschickt wird.
Hä?
Durch die Art der Auftragsfreigabe stapelte sich das WIP vor dem Engpass, und kein Auftrag wurde rechtzeitig fertig.
Jeder Tag war ein Notfall.
Eliyahu M. Goldratt, der die Theory of Constraints entwickelte, hat uns gezeigt, dass alle Verbesserungen, die nicht den Engpass betreffen, nichts bewirken. Erstaunlich, aber wahr!
Jede Verbesserung, vorgenommen hinter dem Bottleneck, ist nutzlos, weil die Station danach ja **trotzdem** auf Arbeit warten muss.
Und jede Verbesserung vor dem Engpass sorgt nur dafür, dass sich noch mehr Material davor stapelt.
Vor 20 Jahren war der Engpass ein Härtungsofen, genau wie in Goldratts Buch **Das Ziel**.
Außerdem gab es Trockenkabinen für den Lack, die später ebenfalls zu Engstellen wurden.

Siehst du den Schreibtisch da drüben? Das ist die erste Arbeitsstation, die **Auftragsfreigabe.** In den Regalen liegen Mappen für die eingehenden Aufträge, wie schon vor 20 Jahren.
Damals hätte sich ein Vorarbeiter einfach eine Mappe geschnappt. Damit hätte er **genau diesen** Auftrag gewählt, weil diese Arbeitsstation gebraucht wurde und sie gerade frei war.
Überleg mal! Das war nur der erste von **20** Arbeitsschritten, und die haben nicht einmal an die Verfügbarkeit der anderen 19 Stationen gedacht.
Damals galt das wohl als vernünftige Entscheidungsgrundlage für die zu erledigende Aufgabe. Damit wäre die erste Station beschäftigt, wie beim First-in-/First-out-Scheduling. Wer zuerst kommt, mahlt zuerst, sozusagen.
Heute weiß aber jeder, dass man die Arbeit nicht nach der Verfügbarkeit der ersten Station auswählen sollte.
Vielmehr sollte das Tempo der Station entscheidend sein, die der Engpass im Produktionsablauf ist.
Sie mussten alle neuen Arbeitsaufträge stoppen. Die Arbeitsstationen, die für die Engstellen sorgten, waren noch nicht einmal mehr von hier oben zu sehen.
Die Materialberge um die Stationen waren einfach zu groß.
Rückblickend scheint das offensichtlich. Damals war das aber vermutlich alles andere als klar.
VISITOR
VISITOR
Also, vielen Dank für die Geschichtsstunde, aber das meiste davon habe ich schon im Studium gelernt.
Ich verstehe auch nicht, was das mit dem Managen von IT Operations zu tun hat. IT ist keine Fabrikhalle.

Ach? Lass mich raten ...
IT ist reine Kopfarbeit und eher so etwas wie ein Kunsthandwerk. Es gibt einfach keinen Platz für Standardisierung, dokumentierte Arbeitsabläufe und all das großartige »Strenge und Disziplin«-Zeug, das dir ja so wichtig ist.
Will er mich jetzt von etwas überzeugen, das ich schon weiß, oder will er, dass ich irgendeine absurde Schlussfolgerung akzeptiere?
Wenn du glaubst, IT Operations könnte vom Betrieb einer Fabrik nichts lernen, liegst du falsch.
Als VP of IT Operations ist es dein Job, einen schnellen und ununterbrochenen Fluss geplanter Arbeit sicherzustellen, der die Businessbereiche unterstützt und gleichzeitig die Auswirkungen und Störungen durch ungeplante Arbeit minimiert.
Vielleicht sollte ich mir das tatsächlich aufschreiben ...
Bis du ein besseres Verständnis davon hast, was Arbeit ist, hätte jedes Gespräch über die Steuerung von Arbeit keinen Wert für dich.
Es wäre, als würde man mit jemandem über Akrobatik reden, der keine Ahnung von Schwerkraft hat.
Wenn du dein Ziel erreichen willst, musst du letztlich herausfinden, was für dich die Entsprechung des Schreibtischs für die Auftragsfreigaben da drinnen ist.
Damit kontrollierst du die Arbeitsaufträge an IT Operations. Aber was noch wichtiger ist: Es stellt sicher, dass deine am stärksten beschränkten Ressourcen nur die Arbeiten erledigen, die dem gesamten System dienen und nicht nur einem Informationssilo.
Sobald du das herausgefunden hast, junger Bill, bist du auf einem guten Pfad zum Verständnis der **Drei Wege**.
Die Drei Wege? Was ist das jetzt schon wieder?
Der **Erste Weg** hilft uns, zu verstehen, wie wir einen zügigen Arbeitsfluss von der Entwicklung zu IT Operations schaffen können.
Das steht zwischen dem Business und dem Kunden.
Der **Zweite Weg** zeigt uns, wie wir schnelleres und besseres Feedback bekommen, um Qualitätsprobleme schon an ihrer Quelle zu beheben und so Mehrarbeit zu vermeiden.
Der **Dritte Weg** führt uns schließlich dazu, wie wir eine Kultur schaffen können, in der wir experimentieren, aus Fehlern lernen und verstehen dürfen, dass Wiederholung und Übung die Voraussetzungen zur Meisterschaft sind.

Die Notwendigkeit von Strenge und Disziplin und das beständige Üben und Verbessern unserer Fähigkeiten sind wichtige Lektionen, die ich bei den Marines gelernt habe.
Der Aufbau dieser Verlässlichkeit ist das, was ich meinem IT Operations-Team am dringendsten einimpfen will.
Vergiss nicht, dass es vier Arten von Arbeit gibt. Wie du sagtest, ist eine davon die Arbeit an Businessprojekten.
Ruf mich gerne an, wenn du die anderen drei herausgefunden hast.
Das war wohl eine der seltsamsten beruflichen Begegnungen, die ich je hatte.
Was meinte Erik mit den vier Arten von Arbeit?
Bei unserem Meeting mit Wes und Patty hat Wes erwähnt, dass wir verschiedene Listen für IT-Infrastrukturprojekte haben. Sind Infrastrukturprojekte eine andere Art von Arbeit?
Sind E-Mails eine andere Art von Arbeit? Ich glaube nicht.
Als Erik von »Arbeit« sprach, meinte er das eher auf organisatorischer Ebene und weniger im Sinne einzelner Mitarbeiterinnen oder Manager.
Hallo Steve. Ich wollte nur Bescheid geben, dass ich mich mit Erik getroffen habe. Es ist gut gelaufen. Bitte gib mir Bescheid, ob du Montag darüber sprechen möchtest.
In zehn Jahren werde ich meinen Freunden bestimmt von dieser Begegnung erzählen, die ich mit diesem langhaarigen Irren in einer Fabrikanlage hatte.
Verdammt, es ist schon 17 Uhr. Ich muss los.
Paige wird ziemlich sauer sein, wenn ich an einem Freitag zu spät nach Hause komme.
17:00
Und ich muss für Montag noch die Präsentation für Steve fertigstellen ...
So kann ich weitergeben, was ich bis jetzt gelernt habe, und bekomme hoffentlich grünes Licht für die Technik, die wir brauchen, um unsere Arbeit zu erledigen.
Das ist für das Unternehmen und mein Team wichtig. Alle haben daran gearbeitet, das vorzubereiten.
Und ob das klappt oder in die Hose geht, hängt jetzt nur davon ab, wie gut ich Steve das alles vermitteln kann.

KAPITEL 8 MONTAG, 8. SEPTEMBER

Du hast mir von Anfang an klargemacht, dass ich den Phoenix-Roll-out mit allen Mitteln vorantreiben soll.
Nach meinen Beobachtungen der letzten Woche sieht es allerdings so eng aus, dass ich glaube, dass Phoenix **ernsthaft gefährdet** ist.
Ich habe meine Leute herausfinden lassen, wie hoch die Anforderungen an uns sind und welche Kapazität wir wirklich haben. Nach dieser Analyse ist der Bedarf an IT-Arbeit deutlich höher als das, was wir leisten können.
Offensichtlich sind wir vollkommen unterbesetzt. Wir können nicht alles wie versprochen liefern. Entweder kürzen wir die Projektliste, oder wir brauchen mehr Leute.
Dazu kommt die Zahl der priorisierten Projekte, für die wir zuständig sind.
Wir müssen uns innerhalb einer Woche um die Ergebnisse des internen Audits kümmern. Das zieht Ressourcen von Phoenix ab.
Ich würde in diesem Meeting gerne verstehen, wie wir Phoenix gegenüber den Audit-Ergebnissen priorisieren sollen, und mit dir über die hohe Zahl von Projekten sprechen und darüber, wie wir sie mit ausreichend Personal versorgen sollen.
Was ist das für eine Bullshit-Frage zur Priorisierung?
Wenn ich zum Aufsichtsrat ginge und sagte, ich könnte entweder Sales oder Marketing machen, würden die mich unter Gelächter aus der Sitzung werfen.
Ich muss beides machen, genau wie du! Das Leben ist hart.
Phoenix ist das wichtigste Projekt im Unternehmen. Das heißt aber nicht, dass du die Audit- und Compliance-Ergebnisse als Druckmittel benutzen kannst.
Offensichtlich habe ich mich nicht klar ausgedrückt. Sowohl für das Audit als auch für Phoenix werden wichtige Ressourcen gebraucht, zum Beispiel Brent.
Dazu kommt, dass unsere Infrastruktur so fehleranfällig ist, dass es täglich zu Ausfällen kommt. Häufig werden dafür die gleichen Leute gebraucht, um den Normalbetrieb wiederherzustellen.
Wir haben uns verschiedene Möglichkeiten angesehen, die Ressourcen besser zu verteilen, aber keine davon greift schnell genug.
Wenn Phoenix die höchste Priorität hat, müssen wir einen Teil der Arbeit an der Audit-Compliance zurückstellen.
Kommt nicht infrage!
Ich habe den Riesenstapel an Audit-Ergebnissen selbst gesehen. Wenn diese Probleme nicht gelöst werden, kommen wir in **Teufels Küche**.
Das läuft absolut nicht nach Plan.
Okay, wir tun unser Bestes.
Aber fürs Protokoll: Wir haben zu wenig Personal, um eines der Projekte ordentlich zu bearbeiten, beide schon gar nicht.
...
Zur Kenntnis genommen. Was noch?

Okay. Sprechen wir über unsere Projektbelastung und Kapazität.
Im Moment unterstützen wir über **35** Businessprojekte und **über 70** kleinere Aufgaben und interne Initiativen. Einige haben wir noch gar nicht mitgezählt.
Mit nur 143 Mitarbeitenden in IT Operations können wir keines unserer Versprechen einhalten.
Daher bitten mein Team und ich darum, sechs zusätzliche Leute einzustellen, damit wir die Lücken schließen können.
Ich möchte unseren Durchsatz so steigern, dass wir nicht wieder in diese Situation geraten und so viele dieser Projekte wie möglich erledigen können.
Ich hätte gern deine Zusage, dass wir diese Stellen sofort ausschreiben können, damit wir möglichst schnell weitere Talente wie Brent finden.
Bill, Phoenix liegt bereits **10 Millionen Dollar** über dem Budget, und wir müssen so schnell wie möglich einen positiven Cashflow erreichen.
Letztes Jahr haben externe IT-Analysten festgestellt, dass unsere IT-Ausgaben extrem hoch sind. Du verfügst über die teuersten Ressourcen der gesamten Firma.
Zwei Millionen Dollar zusätzlich an Personalkosten kommen nicht infrage. Du musst nutzen, was du hast.
Vielleicht solltest du dein Problem mit den anderen VPs besprechen. Wenn die das so sehen wie du, sind sie vielleicht bereit, einen Teil ihrer Budgets an dich abzutreten.
Wenn überhaupt, sollten wir eher über Personalkürzungen in deiner Abteilung reden. Falls wir nicht bald profitabel sind, könnte das zu Entlassungen führen.
Das läuft schlimmer als alles, was ich mir am Wochenende vorgestellt habe!
Steve, ich kann es nicht deutlicher sagen. Das ist keine Magie. All diese Arbeit wird von echten Menschen getan.
Die Audit-Compliance-Sache geht auf Kosten der Aufgaben, die meine Leute jetzt schon stemmen müssen, zum Beispiel Phoenix.
Wenn du durch Phoenix zur Konkurrenz aufschließen willst, muss ich dir sagen: Du handelst nicht danach.
Für mich sieht das aus, als ob du nur mit einem Messer bewaffnet zu einer Schießerei kommst.

Wir tun alle unser Bestes. Du gehst am besten wieder an deine Arbeit und machst das Gleiche.
Entschuldige die Störung, aber unsere nächste Analysten-Telko ist in zwei Minuten. Soll ich uns einwählen?
Mist! Jetzt hat sie mir auch noch die letzten drei Minuten geraubt.
9:27
Okay, verstanden. Weiter Druck machen.
Ich halte dich auf dem Laufenden.
Auf zum nächsten Meeting mit Patty und Wes.
Ein ganzes Wochenende voller Vorbereitungen – nur damit es alles in weniger als 30 Minuten komplett vom Tisch gefegt wird.

Später im CAB-Besprechungsraum ...
Wow, das sind viele Karten.
Wir haben ein Problem.
Nicht genug Whiteboards?
Du liebe Zeit! Wo kommen die denn alle her? Sind die alle für diese Woche?
Überrascht? Die meisten stammen von deiner Gruppe.
Ich weiß, dass meine Leute viel zu tun haben, aber das müssen ja Hunderte von Änderungen sein.
Seit letzten Freitag wurden **437** Änderungen für diese Woche eingereicht.
Und die sollen wir jetzt alle durchgehen und genehmigen?
Dieses Meeting sollte eigentlich nur eine Stunde dauern. Aber **dafür** werden wir **Tage** brauchen!
Ich sage ja nicht, dass wir das nicht tun sollten. Aber wenn wir das jede Woche machen müssen ...
Das ist überwältigend. Offensichtlich war es nur ein erster Schritt, die Manager dazu zu bringen, ihre Änderungen für die Woche einzureichen.

Was für ein toller Start!
Die technischen Leiter unterstützen uns sehr engagiert. Jetzt müssen wir herausfinden, wie wir die Änderungen regelmäßig analysieren und einplanen können.
Noch mal zurück zu unseren Zielen ...
Die linke Hand muss wissen, was die rechte tut.
Wir brauchen während der Ausfälle ein klares Lagebild ...
... und wir müssen den Auditoren beweisen, dass wir uns um die Change-Koordination kümmern.
Dabei müssen wir uns auf die riskantesten Änderungen konzentrieren.
Hier greift vermutlich die **80/20-Regel**: 20 % der Änderungen bergen 80 % des Risikos.
Was ist **PUCCAR**?
PUCCAR
Parts Unlimited Check Clearing and Reconciliation. Eine wertlose App, die jemand vor 20 Jahren geschrieben hat.
Wir nennen sie »Sucker«, weil sie uns bei jeder Änderung um die Ohren fliegt und niemand weiß, wie man sie repariert.
Wir haben nie ein Budget bekommen, um sie zu ersetzen.
Wenn wir wissen, dass die App so instabil ist, warum ändern wir sie dann?
Wir versuchen, es zu vermeiden, aber manchmal ändern sich die Businessregeln. Außerdem müssen wir Patches einspielen.
Sie läuft auf einem nicht mehr unterstützten Betriebssystem. Das macht die Sache noch heikler ...
Gut! Also eine riskante Änderung. Bilden wir einen Stapel mit ähnlichen Änderungen.
Diese Karten stehen für Änderungen an wichtigen Anwendungen, am Netzwerk und an bestimmten gemeinsam genutzten Datenbanken. Sie könnten einen großen Teil oder sogar das **gesamte** Unternehmen betreffen!
Es sind ein paar ziemlich gefährliche Änderungen dabei.
Allein beim Anblick bleibt mir fast das Herz stehen.

Du hast recht. Markieren wir alle diese Änderungen mit hohem Risiko als »kritisch«. Die müssen vom CAB genehmigt werden.
Patty, solche Änderungen sollten während unserer Meetings ganz oben auf dem Stapel liegen.
Ver-standen.
Wir definieren Kategorien für hochriskante Änderungen. Diese Change Requests müssen auf jeden Fall genehmigt werden, bevor sie eingeplant und implementiert werden.
Am besten erstellen wir eine Liste der zehn empfindlichsten Dienste, Applikationen und Infrastrukturelemente.
Außerdem brauchen wir Standardprozeduren, zum Beispiel wann sie zu implementieren sind. Die wichtigsten Mitarbeitenden müssen nicht nur darüber Bescheid wissen, sondern auch erreichbar sein, falls etwas schief geht. Notfalls müssen wir die Hersteller ansprechen können.
So ähnlich wie Feuerwehr und Rettungswagen, die neben der Landebahn stehen, um notfalls einen Schaumteppich legen können, wenn ein brennendes Flugzeug landet.
Ha! Und einen Pressesprecher, der die Anrufe aus dem Business abwimmelt, weil einige Kunden auf den Schaum allergisch reagieren.
Lassen wir doch das Business den Schaum auswählen. Es gibt keinen Grund, warum die gesamte Verantwortung auf unseren Schultern liegen sollte.
Wir könnten eine E-Mail ans Business schicken und im Voraus nach dem besten Zeitfenster für eine Implementierung fragen.
Und wenn wir ihnen Daten über die Ergebnisse der vorherigen Änderungen geben, nehmen die ihre Änderung vielleicht sogar zurück.
Für solche Änderungen sollte mein Team Auswertungen zur Erfolgsrate und den dazugehörigen Downtimes erstellen.
Das wird den Businessabteilungen helfen, fundiertere Entscheidungen zu treffen.
Klasse Idee, Patty! Damit sind wir bestimmt auf dem richtigen Weg.
Okay, es sind aber immer noch 400 Karten übrig. Irgendwelche Ideen?

In diesem Stapel sind wiederkehrende Änderungen, zum Beispiel der Upload der monatlichen Steuertabelle in die POS-Systeme.
Von diesen Änderungen sollten wir besser keine ablehnen.
Andererseits gibt es hier Zeugs wie »Erhöhung des Threadpools für Java-Applikationen«, »Kumquat-Hotfix des Herstellers einspielen, um Performanceprobleme zu beheben« und »Reset des Load Balancer für das Kentucky-Rechenzentrum auf Standard-Duplex-Einstellungen«.
Ausgezeichnet! Die ersten Änderungen sind die mit geringem Risiko, die ITIL als »Standard-Changes« bezeichnet.
Änderungen, die schon oft erfolgreich durchgeführt wurden, können wir vorab freigeben. Wir müssen darüber Bescheid wissen, aber sie können ohne uns eingeplant werden.
Damit bleibt noch der andere Stapel mit den 200 Änderungen mit mittlerem Risiko – die »Messy Middles«.
Wir müssen darauf vertrauen, dass die Leiter bei diesen Changes wissen, was sie tun. Ich möchte aber, dass Patty sicherstellt, dass alle Betroffenen informiert sind und ihr Okay gegeben haben.
Das heißt, bei den »Messy Middles« sind die Einreicher rechenschaftspflichtig und dafür verantwortlich, die möglicherweise Betroffenen zu informieren und ihre Zustimmung einzuholen?
Und wenn sie das getan haben, reichen sie ihre Änderungskarte bei uns ein, damit wir sie begutachten und einplanen, richtig?
Genau. Für dich okay, Wes?
Probieren wir's einfach.
Gut. Patty, kannst du dabei mithelfen, sicherzustellen, dass die Einreicher auch wirklich ihre Hausaufgaben machen?
Mit Vergnügen. Ich schlage vor, wir setzen für Mittwoch ein komplettes CAB-Meeting auf, um die übrigen Änderungen zu planen.
Und ab Freitag, den 19. sollten auch die regelmäßigen CAB-Meetings wieder stattfinden.
Eine Sache noch: Aktuell sind zwei meines Teams und ich selbst damit beschäftigt, diesen Prozess manuell durchzuführen.
Früher oder später müssen wir das automatisieren.
Absolut. Aber vorher sollten wir noch bei ein paar CAB-Meetings Erfahrungen sammeln, um herauszufinden, wie die Regeln genau aussehen sollten.
Ich verspreche, das im Auge zu behalten.
Wow, ein Meeting, bei dem am Ende alle zufrieden sind. Das erste Mal in diesem Team!

KAPITEL 9 DIENSTAG, 9. SEPTEMBER

Was? Wir haben nichts geändert!
Jedenfalls nichts, was sich auf die Bestellsysteme auswirken könnte.
Seid ihr sicher, dass nicht wieder ein **Betriebssystem-Patch** in die Hose gegangen ist?
Absolut! Die nächsten geplanten Updates für diese Systeme sind erst **in drei Wochen** geplant.
Ich wette 50 Mäuse, dass es eine **Netzwerkänderung** war.
Deren Frickeleien sorgen immer für Probleme.
Herrgott, Leute!
Muss hier noch jemand seine Ehre verteidigen? Jeder darf mal.
Weißt du, es ist einfach nicht fair. Immer wird den Netzwerkern die Schuld für die Ausfälle zugeschoben.
Wir haben für heute keine Änderungen geplant.
Beweist es!
Vermutlich sollte ich diesem Wahnsinn ein Ende bereiten. Vor allem, weil man diese Verneinung nicht beweisen kann.

Aus Johns Team ist keiner hier. Sein Team kümmert sich um die Änderungen an der Firewall.
Ich versuche mal, ihn zu kontaktieren.
TIPP TIPP KLAPPER
Hmm, kann es jetzt mal jemand probieren?
KLAPPER TIPP TIPP
KLAPPER
KLAPPER TIPP TIPP
Moment!
Wer hat das gerade gesagt?
Ich, Brent.
RayBit
Oh Mann.
Brent, danke, dass du dich darum kümmerst. Aber bei einem Sev-1-Vorfall müssen wir alle Aktionen ankündigen und besprechen, bevor wir sie durchführen.
Was wir jetzt überhaupt nicht brauchen können, ist, die Dinge noch schlimmer zu machen, und die Fehlersuche zu erschweren.
Hey, die Systeme laufen wieder.
Gute Arbeit, Brent!
Ach, kommt schon!
Patty, bring das hier zu Ende.
Ich muss Wes und dich sofort in deinem Office sprechen.

Um das noch mal klarzustellen: Bei Sev-1-Vorfällen können wir uns nicht einfach auf unser Bauchgefühl verlassen.
Patty, eine Sev-1-Telefonkonferenz muss strukturierter ablaufen. Beginne das Gespräch mit dem Ablauf der bisherigen Ereignisse, besonders der Änderungen.
Du bist dafür verantwortlich, dass diese Informationen zur Verfügung stehen. Das sollte nicht schwer sein, weil du auch den Change-Prozess steuerst.
Diese Informationen kommen von dir und nicht von den Schreihälsen in der Telefonkonferenz. Ist das klar?
Ja, absolut. Ich mache mich daran, den Prozess zu dokumentieren und ihn so schnell es geht umzusetzen.
Das reicht nicht. Ich möchte, dass du alle zwei Wochen Übungs-Telkos und Probealarme durchführst.
Alle müssen daran gewöhnt sein, Probleme methodisch zu lösen und die bisherigen Ereignisse verfügbar zu haben, bevor wir ins Meeting gehen.
Wenn wir das nicht einmal während einer geplanten Übung schaffen, können wir kaum von den Leuten erwarten, es bei einem echten Notfall richtig zu machen.
Patty, ich weiß, dass du in letzter Zeit viel zu tun hast, und ich habe keine Ahnung, wie ich das ohne dich schaffen würde.
Wes, mach Brent klar, dass bei einem Notfall jeder alle geplanten Änderungen abspricht – erst recht, bevor er sie einfach umsetzt.
Ich kann es nicht beweisen, aber ich vermute, Brent hat den Ausfall selbst verursacht. Und als er es gemerkt hat, hat er seine Änderung schnell wieder rückgängig gemacht.
Mach dem ein Ende. Keine weiteren unkontrollierten Changes und keine heimlichen Änderungen bei Ausfällen.
Hast du deine Leute im Griff – oder nicht?
Ja. Ich bin dran, Boss.

Mehrere Tage später ...
Wes und ich haben fast den ganzen restlichen Dienstag und Mittwochmorgen im Phoenix War Room verbracht – und es war **immer noch** keine Ordnung drin.
Das Deployment ist schon in ein paar Tagen, und ich weiß nicht, wie wir das schaffen sollen.
Im Vergleich zu Phoenix ist der Gang zum Change Coordination Room eine echte Erleichterung.
Willkommen zum Change-Management-Meeting.
Wie ihr am Whiteboard sehen könnt, sind alle Standardänderungen schon eingeplant.
Heute wollen wir die Änderungen mit mittlerem und hohem Risiko begutachten und einplanen.
TUES
WED
THURS
Pending Change
Seht euch bitte den Änderungsplan an und überlegt, ob etwas angepasst werden muss.
Die erste Hochrisikoänderung ist eine Anpassung der Firewall, eingereicht von John, geplant für Freitag ...
Bill und Wes, genehmigt ihr, dass die Änderung für Freitag eingeplant wird?
Ist für mich okay, wenn sonst niemand etwas dagegen hat.
Gilt auch für mich.
Hey, nicht schlecht. 23 Sekunden, um unsere erste Änderung zu genehmigen. Damit unterbieten wir unsere bisherige Bestzeit um 59 Minuten.
Schauen wir mal, ob wir die anderen Hochrisikoänderungen auch so schnell hinbekommen. Danach kümmern wir uns um die Änderungen mit mittlerem Risiko.

20 Minuten später ...
Es wurden 347 Änderungen mit mittlerem Risiko eingereicht. Ich möchte alle dafür loben, dass sie sich an den Prozess halten und mit den Leuten gesprochen haben, die davon betroffen sind.
90 Änderungen können wir direkt einplanen, sie sind schon am Whiteboard zu finden.
Ich habe mir zehn Prozent davon angesehen, und sie sehen gut aus. Ich behalte das Ganze im Auge, falls in Zukunft etwas genauer untersucht werden muss.
TUES
Falls es keine Einwände gibt, sind wir, glaube ich, mit den Änderungen mit mittlerem Risiko durch.
Keine Einwände von mir.
Daumen hoch von mir. Sonst noch etwas, Patty?
Tatsächlich müssen wir uns noch um ein dringenderes Problem kümmern.
Wow, wie viele Änderungen sind für Freitag geplant?
FRI
173.
Und genau das ist das Problem.
Ich sage nicht, dass 173 Änderungen am Freitag grundsätzlich schlecht sind. Aber ich mache mir Sorgen um mögliche Konflikte und ob die verfügbaren Ressourcen dafür ausreichen.
FRI
Am Freitag soll außerdem Phoenix deployt werden. Wären wir Fluglotsen, würde ich sagen, der Luftraum ist überfüllt.
Möchte irgendjemand seinen Flugplan ändern?
Ich habe drei Änderungen, die ich gern heute durchführen würde, falls es keinem etwas ausmacht.
Eigentlich möchte ich möglichst weit vom Flughafen entfernt sein, wenn Phoenix landet.
Du Glücklicher! Einige von uns müssen am Freitag hier sein.
Ich sehe schon die Flammen aus den Triebwerken schlagen ...

Möchte sonst noch jemand seine Änderungen verschieben?
Alle, die ihre Hände gehoben haben: Geht bitte zum Whiteboard und platziert eure Karten dort, wo es für euch am besten passt.
WED
THURS
FRI
Großartige Arbeit. Jetzt sind die Änderungen deutlich besser verteilt.
Ja, wirklich toll, dass ihr eure Änderungen so weit wie möglich von Freitag und Phoenix weggeschoben habt.
Sieht aus wie ein Haufen Tiere, die vor einem Waldbrand fliehen.
Er hat recht. Aber mich plagt noch etwas anderes als die Vorstellung eines Blutbads und der Zerstörung rund um Phoenix.
Vielleicht hat es etwas mit Erik und dem Fabrikgebäude zu tun ...
Bill, damit haben wir alles erledigt. Die Änderungen für diese Woche sind genehmigt und eingeplant.
Patty, das hast du hervorragend organisiert. Ich war vielleicht einer deiner lautesten Kritiker, aber ...
... das hier ist einfach großartig.
Danke. Das ist immer noch unsere erste Woche mit einem echten Change-Prozess, und so viele wie heute haben noch nie teilgenommen.
Bevor wir uns aber gegenseitig auf die Schulter klopfen, sollten wir vielleicht erst mal die nächste Woche abwarten, oder?
Absolut. Vielen Dank für die Zeit, die du hier hineingesteckt hast. Mach bitte weiter so!
Das Meeting ist geschlossen.
MON
TUES
WED
THURS

Beim Meeting ist mehrmals ein Gedanke bei mir aufgeflackert. War es etwas, das Erik gesagt hat und das ich bisher verdrängt habe? Geht es dabei um Arbeit?
Letzten Donnerstag haben Wes und Patty eine manuelle Inventur all unserer Projekte vorgenommen. Es waren fast 100.
Diese Projekte stehen sicher für zwei Arten von Arbeit: **Businessprojekte** und **interne IT-Projekte**.
Ich erkenne noch eine Arbeitskategorie, die wir ebenfalls manuell erzeugt haben.
Laut Patty müssen wir diese Woche 437 Einzelaufgaben erledigen.
Wow! **Änderungen** sind die dritte Arbeitskategorie.
Jede dieser Änderungskarten definiert, welche Arbeiten mein Team in dieser Woche erledigen muss.
Sicher ist jede einzelne Änderung kleiner als ein ganzes Projekt, aber sie sind immer noch Arbeit.
Aber wo liegt die Beziehung zwischen Änderungen und Projekten? Sind sie wirklich gleich wichtig?
Und kann es wirklich sein, dass wir bisher keine dieser Änderungen in einer Art System dokumentiert haben? Woher stammen all diese Änderungen?
Wenn Änderungen eine Arbeitskategorie sind, die sich von Projekten unterscheidet, heißt das, dass wir tatsächlich an mehr als 100 Projekten arbeiten?
Welche dieser Änderungen bringen eines der 100 Projekte voran? Und wenn eine Änderung keinem davon hilft – sollten wir sie dann wirklich durchführen?
Würden die Ressourcen genau ausreichen, um die ganze Projektarbeit zu erledigen, hätten wir dann nicht mehr ausreichend Leute, um die Änderungen zu implementieren?
Stehe ich an der Schwelle zu einer wichtigen Erkenntnis?
Erik hat mich gefragt, was in meiner Abteilung die Entsprechung zum Tisch mit den Arbeitsaufträgen in der Fabrikhalle ist. Hat das Change-Management etwas damit zu tun?
Was mache ich hier? Ich stelle mir gerade absurd viele Fragen. Ich fühle mich schon fast wie ein Einpersonen-Debattierklub.
Erik hat es geschafft, mich zu einer philosophischen Nabelschau zu bringen.
Es ist sicher wichtig, zu wissen, dass Änderungen eine weitere Arbeitskategorie sind. Damit kenne ich drei von vier Arten der Arbeit.
Ich frage mich, was wohl die vierte Kategorie ist ...

KAPITEL 10 DONNERSTAG, 11. SEPTEMBER

Gebäude 7, Brents Arbeitsplatz ...
Nicht vergessen: Ich bin hier, um zu beobachten und zu verstehen. Schließlich kam dieser Typ seit meiner Beförderung täglich in Gesprächen vor.
Insgesamt scheint Brent so professionell und klug zu sein wie die Senior-Engineers, mit denen ich in der Vergangenheit gearbeitet habe.
Nein, nein, nein. Die Datenbank läuft, ja, das weiß ich, weil ich sie gerade direkt vor mir habe ...
Ja, ich kann Queries ausführen ...
Ja ... ja ... nein ... Ich sage dir doch, es muss der Application Server sein ... der läuft? Okay, mal sehen ...
Moment, ich probiere einen manuellen Sync. Versuch es jetzt noch mal ...
BSS BSS
Moment ... hier kommt gerade noch ein Anruf rein. Ich melde mich.
Ja, hier ist Brent ...
Welcher Service ist down? Hast du versucht, ihn neu zu starten?
Hör mal, ich habe hier gerade alle Hände voll mit Phoenix zu tun. Ich melde mich nachher bei dir.
Oh ... ich weiß nicht mal, was das ist.
Die VP von was? Okay, ich sehe mal nach.
Das ist also ein typischer Tag im Leben von Brent.
Es scheint ihm wirklich wichtig zu sein, dass jeder, der auf die IT-Systeme angewiesen ist, seinen Job machen kann.
Aber er sollte nicht der private technische Problemlöser für alle sein – vor allem nicht auf Kosten von Phoenix.

Hi Brent.
Argh! Wie lange bist du schon hier?
Nur ein paar Minuten. Lange genug, um zu sehen, dass du dich um die Probleme von zwei Leuten kümmerst.
Das ist bewundernswert. Allerdings komme ich gerade von Kirstens Daily Standup zu Phoenix.
Dir wurden fünf Aufgaben zugewiesen, die jetzt alle Verspätung haben.
Ich bin damit schon halb fertig – ich muss nur ein paar Stunden in Ruhe arbeiten können.
Ich würde das ja von zu Hause aus machen, aber die Netzwerkverbindung ist einfach zu schlecht.
Wer hat dich angerufen, und was wollten sie?
Normalerweise sind das andere ITler, die Probleme haben, etwas wieder zum Laufen zu bringen.
Wenn etwas abstürzt, bin ich offenbar der Einzige, der weiß, wo man nachsehen muss.
Ich dachte, Wes hätte ein paar Leute eingestellt, um diese Eskalationen für dich zu übernehmen.
Das war die Idee. Aber die meisten hatten andere Dinge zu tun und waren nie verfügbar, wenn wir sie brauchten.
Andere wurden bei der Entlassungswelle rausgeworfen, weil sie nicht genug zu tun hatten.
Glaub mir, ein großer Verlust war das nicht.
Am Ende landete der Kram sowieso wieder bei mir.

Um wie viele Probleme musst du dich täglich kümmern? Protokollierst du das irgendwo?
Du meinst zum Beispiel in unserem Ticketsystem?
Nein. Wenn ich für jeden Anruf erst ein Ticket anlege, dauert das länger, als das Problem sofort zu lösen.
Und die Anzahl der Probleme ist jeden Tag anders. Letzte Woche war es schlimmer als sonst.
Du hast versucht, die letzte Anruferin abzuwimmeln.
Warum hast du ihr nicht einfach gesagt, sie soll jemand anderen damit auf die Nerven gehen?
Sie sagte mir, dass die VP of Logistics im Dreieck springt, weil keine Nachbestellungen erzeugt werden.
Ich wollte nicht schuld sein, dass die Regale in den Läden plötzlich leer sind.
Executives, die meine Techniker unter Druck setzen? Das ist totaler Bullshit.
Und dafür Phoenix in Gefahr bringen? Das geht **weit** über ihre Entscheidungsbefugnis hinaus.
Gute Nachrichten, Brent: Ab sofort arbeitest du nur noch an Phoenix.
Steve Masters hat gesagt, dass das oberste Priorität hat. Für alle.
Falls dich jemand mit etwas anderem als Phoenix kontaktiert, schicke ihn zu Wes. Er soll sich um diese Deppen kümmern.
Von mir aus kannst du dein Telefon stumm schalten und deine Voicemail-Ansage so ändern, dass du nicht verfügbar bist und dass sie sich stattdessen an Wes wenden sollen. Blockiere alles, was nötig ist.
Ich muss wieder rüber zu Gebäude 9. Melde dich, wenn du etwas von mir brauchst.
Patty, schnapp dir Wes und triff mich vor dem Phoenix War Room.
Wir müssen die Eskalationen an Brent anpassen, und zwar sofort.

20 Minuten später vor dem Phoenix War Room …
Wie lief es mit Brent?
Brent kommt mit Phoenix nicht weiter, weil er ständig Probleme beheben muss, die seine geplante Arbeit unterbrechen.
Er war doch in allen Notfall-Meetings dabei. Wie kommt er darauf, dass es Wichtigeres gibt als Phoenix?
Gute Frage. Warum würde Brent Phoenix liegen lassen, um an etwas anderem zu arbeiten?
Vermutlich, weil jemand wie ich ihn angeschnauzt hat, damit er die mir wichtigste Aufgabe erledigt.
Und das stimmt wohl:
Für viel zu viel scheint Brent der Einzige zu sein, der weiß, wie es tatsächlich funktioniert.
Ich würde vermutlich sagen, dass es doch nur ein paar Minuten dauert.
Was vielleicht auch stimmt, aber das ist wie ein Tod auf Raten.
Prozesse sollen die Leute schützen. Wir müssen herausfinden, wie wir Brent beschützen können.
Ich habe ihm bereits gesagt, dass er alle, die etwas von ihm wollen, zu Wes schicken soll.
Was? Ich soll seine gesamte Zeitplanung mikromanagen? Ich habe keine Zeit, Brents Assistent oder sein persönliches Helpdesk zu sein!
Moment. Was ist wichtiger, als dafür zu sorgen, dass deine Leute die kritischen Phoenix-Aufgaben erledigen können?
Okay, erwischt.
Sieh mal, Brent ist klug, aber er dokumentiert seine Arbeit nicht. Dadurch ist es unmöglich, seine Fixes zu replizieren.
Jedes Mal, wenn wir Brent etwas reparieren lassen, das sonst niemand versteht, wird Brent ein bisschen klüger, aber das System als Ganzes ein bisschen dümmer.
Das muss aufhören.

Vielleicht können wir eine Art Ressourcenpool aus Level-3-Entwicklern aufbauen, die sich um die Eskalationen kümmern. Brent sollten wir aber aus dem Pool heraushalten.
Wenn jemand mit ihm reden will, braucht er vorher meine oder Wes' Erlaubnis.
Die Entwickler müssen dokumentieren, was sie dabei lernen, und Brent darf an keinem Problem zweimal arbeiten.
Das klingt super.
Und am Ende jedes Vorfalls haben wir eine Dokumentation darüber, wie ein schwieriges Problem gelöst werden kann, und einen wachsenden Pool an Mitarbeitenden, die den Fix durchführen können.
Das gefällt mir auch.
Wir behandeln ihn wie Hannibal Lecter – wenn wir ihn brauchen, stecken wir ihn in eine Zwangsjacke, packen ihn auf eine Sackkarre und rollen ihn zum Zwischenfall.
Ich werde die neuen Brent-Prozeduren aufsetzen.
Es ist gut, den Zugriff auf ihn zu beschränken. Aber wie halten wir die Leute davon ab, Brent direkt anzusprechen, wie die VP of Logistics?
Wir sammeln die Namen derjenigen, die das tun, und ich rufe jeden ihrer Vorgesetzten an, um ihnen zu sagen, dass das zu unterbleiben hat.
Und dann teile ich Steve mit, wie diese Leute Phoenix ausbremsen.
Okay, die »Peitsche« hätten wir. Aber was ist mit dem »Zuckerbrot«?
Wie können wir Brent und die Entwickler dazu bringen, diesem Prozess zu folgen?
Wir könnten ihnen erlauben, zu einer Konferenz oder Fortbildung ihrer Wahl zu gehen. Jeder Senior-Engineer möchte sein Wissen vertiefen und weitergeben.
Was Brent angeht: Wie wäre es, wenn wir ihm eine Woche freigeben, vollkommen frei von irgendwelchen Eskalationen?
Mein Gott. Ich glaube, Brent hatte in den vergangenen drei Jahren keinen einzigen freien Tag ohne einen Pager verbracht.
Bei dem Angebot wird er in Tränen ausbrechen.
Macht es so, Leute.
Das ist wirklich erstaunlich. Wir haben in einer Woche mehr Change- und Eskalationsprozesse angestoßen als in den letzten fünf Jahren.

KAPITEL 11 DONNERSTAG, 11. SEPTEMBER

Warum werden sie nicht umgesetzt, und was machst du mit den ganzen unvollständigen Change-Karten?
Ich habe ein paar der Einreicher angerufen. Die Gründe sind ganz unterschiedlich.
Einige sagten, dass sie nicht genug Leute für die Implementierung hätten.
Jemand anderes hat auf halbem Weg bemerkt, dass die Storage-Leute das SAN nicht wie versprochen erweitert haben. Daraufhin mussten sie die Änderungen wieder zurücknehmen.
Was für eine Zeit- und Energieverschwendung ...
Eine Kollegin sagte, sie könnte ihre Änderungen nicht implementieren, weil es einen Ausfall gab.
Und eine ganze Reihe von anderen sagte, dass ... äh ...
Na ja, sie sagten, dass sie einen Teil ihrer Änderungen nicht ohne Brent vornehmen könnten, aber der sei ja nicht verfügbar.
In manchen Fällen war Brents Beteiligung eingeplant.
Aber in anderen haben sie erst während der Implementierung gemerkt, dass sie seine Hilfe brauchen, und mussten abbrechen, weil Brent mit Phoenix beschäftigt war.
Was? Schon wieder Brent? Was ist da los? Wie hat Brent es nur geschafft, dass alle so sehr von ihm abhängig sind?
Oh Mist! Haben wir das Problem selbst verursacht, weil Brent sich nur mit Phoenix beschäftigen soll?
Ist diese neue Regelung ein Fehler?

Das ist tatsächlich eine interessante Frage.
Wenn du überzeugt davon bist, dass Brent nur an den wichtigsten Projekten arbeiten soll, ist die neue Regelung meiner Meinung nach richtig.
Wir müssen aber bedenken, dass Brent bis vor Kurzem den Leuten bei der Implementierung ihrer Änderungen geholfen hat, ohne dass dies irgendwo dokumentiert wurde.
Zumindest hat er es versucht. Aber er war einfach zu sehr damit beschäftigt, anderen zu helfen. Dadurch wären viele Änderungen auch nach der alten Regelung nicht umgesetzt worden.
Ich habe Wes benachrichtigt, zu uns zu kommen.
Jesses. Schleppst du das Ding immer noch mit dir rum?
Wir haben bestimmt noch ein paar ausgemusterte Laptops rumliegen, die du benutzen kannst.
Es gibt ein Problem mit den eingereichten Änderungen, und der Hauptgrund ist Brent.
Ihr macht wohl Witze!
Sollten wir Brent doch erlauben, den Leuten bei ihren Änderungen zu helfen?
Das habe ich auch schon vorgeschlagen, aber nein. Das kann nicht die Antwort sein.
Patty meinte, dass damit die blockierten Änderungen wichtiger werden als Phoenix. Was sie nicht sind.

So wie wir den Leuten austreiben, Brent ständig um Hilfe zu bitten, müssen wir es beim Change-Deployment auch machen.
Sein Wissen muss irgendwie bei allen ankommen, die die Arbeit tun sollen. Wenn sie das nicht kapieren, gibt es in diesem Team offenbar ein Qualifizierungsproblem.
Wie wäre es, wenn wir dieselben Level-3-Entwickler nähmen, die Brent davor schützen sollen, an den Ausfällen zu arbeiten, und sie für die Umsetzung der Änderungen einsetzen würden?
Vielleicht. Aber das ist keine langfristige Lösung.
Diejenigen, die die Arbeit machen sollen, müssen verdammt noch mal wissen, was sie da tun. Es hilft nicht, wenn noch mehr Leute ihr Wissen für sich behalten.
Erik hat »Work in Progress« als »stillen Killer« bezeichnet und die fehlende Kontrolle über das WIP als Hauptgrund für die Probleme genannt.
Wir haben gerade herausgefunden, dass 60 % unserer Änderungen nicht pünktlich fertig werden ...
Das hat immer mehr Ähnlichkeit mit dem wachsenden Materialberg in der Fabrikhalle, von dem Erik gesprochen hat ...
Kann man IT-Arbeit wirklich mit der Arbeit in einer Fertigungshalle vergleichen?
Was denkst du gerade?
In den letzten Tagen wurden nur 40 % der Änderungen vollständig umgesetzt. Der Rest wurde verschoben.
Gehen wir mal davon aus, dass das so weitergeht, während wir überlegen, wie wir Brents Wissen weiter verteilen können.
Wir haben diese Woche 240 Änderungen. Wenn nächste Woche 400 neue Änderungen dazukommen, stehen nächste Woche schon **640 Änderungen** auf dem Plan.

Wir sind wie das »Bates-Motel« der Änderungen. Die Änderungen kommen rein, aber nie wieder heraus ...
In einem Monat werden wir schon Tausende von Änderungen mit uns herumschleppen, die alle darum konkurrieren, implementiert zu werden.
Genau das macht mir Sorgen.
Wir müssen keinen Monat warten, weil wir schon bei **942 Änderungen** sind. Bereits **nächste Woche** werden es mehr als 1.000 sein.
Wir haben kaum noch Platz, alle Change-Karten unterzubringen.
Also, warum mache wir uns überhaupt den Stress, wenn die Änderungen so wieso nicht umgesetzt werden?
Wenn Brent unser Härtungsofen ist, wer hat dann die ganze Arbeit autorisiert?
Das waren wir selbst – oder das CAB.
Mist. Heißt das, wir sind selbst daran schuld?

Aber Änderungen müssen durchgeführt werden, richtig? Einfach, weil es Änderungen sind. Außerdem: Wir können den Ansturm eingehender Arbeit ja nicht einfach ablehnen, oder?
Aber sieh dir diesen Berg Änderungen an! Können wir das überhaupt leisten? Hat eigentlich schon mal jemand gefragt, ob wir all diese Arbeit überhaupt annehmen sollten? Und auf welcher Grundlage haben wir diese Entscheidung getroffen?
Ich kenne die Antwort nicht, und vielleicht ist Erik doch kein langhaariger Irrer.
Gibt es vielleicht wirklich eine Verbindung zwischen dem Organisieren der Fertigung und IT Operations?

Patty, du machst dir Sorgen, weil die Hälfte unserer Änderungen nicht wie geplant abgeschlossen wurde.
Du fragst dich sogar, ob der gesamte Change-Prozess den ganzen Zeitaufwand überhaupt wert ist.
Außerdem kann ein großer Teil der Änderungen nicht umgesetzt werden, weil Brent irgendwie im Weg ist ...
... was zum Teil daran liegt, dass wir ihm gesagt haben, dass er alle Arbeiten außer Phoenix ablehnen soll. Und wir glauben, dass es falsch ist, diese Regeln rückgängig zu machen.
Und ich wette eine Million Dollar, dass wir damit recht haben.
Denn durch diesen Prozess wissen wir zum ersten Mal überhaupt, **wie viel geplante Arbeit nicht umgesetzt wird**.
Ohne diesen Prozess würden wir wieder blind fliegen.
Patty, wir müssen besser verstehen, welche Arbeiten Brent betreffen.
Wir müssen wissen, an welchen Änderungen er beteiligt ist – vielleicht als weitere notwendige Information beim Einreichen der Karten. Oder die Karten bekommen eine eigene Farbe.
Lass dir was einfallen.

Du musst herausfinden, für welche Änderungen Brent gebraucht wird, und versuchen, diesen Bedarf mit Level-3-Entwicklern zu decken.
Und wenn das nicht geht, versuche, alle Brent-Änderungen zu priorisieren, damit wir eine Auswahl treffen können.
Damit lösen wir vielleicht nicht das Problem, aber immerhin bekommen wir ein paar Daten.
Du möchtest, dass ich mich um die Änderungen kümmere, die Brent betreffen. Das soll auf den Karten sichtbar sein ...
... und neue Karten sollen diese Information schon enthalten.
Und wenn wir wissen, bei wie vielen Änderungen Brent gebraucht wird, was das für Änderungen sind und so weiter, kommen wir zu dir, um die Prioritäten zu besprechen.
So weit richtig?
Wes, du siehst besorgt aus. Möchtest du etwas sagen?
Hmm ... Da gibt es nicht wirklich viel zu sagen.
Außer, dass diese Arbeitsweise sich **sehr** von dem **unterscheidet**, was ich bisher aus der IT kenne.
Nichts für ungut, aber hast du kürzlich deine Medikamente umgestellt?

Nein, aber ich hatte ein Gespräch mit einem langhaarigen Irren auf dem Laufgang einer Fabrikhalle.

Aber wenn Erik mit WIP in IT Operations recht hatte ...

... womit hatte er dann noch recht?

KAPITEL 12 FREITAG, 12. SEPTEMBER

Ja, wir haben eure Datei kopiert ...
Ja, die Version ist 1.0.7331 ...
Was soll das heißen, das ist die falsche Version? Was?
Wann habt ihr das geändert?
Kopiert sie jetzt und versucht es noch mal ...
Okay, na gut, aber ich sage euch, das wird nicht funktionieren ...
Idioten!
Lass mich raten. Das Frontend kann nicht mit dem Datenbankserver sprechen, weil niemand uns gesagt hat, dass wir einen Firewall-Port öffnen müssen, richtig?
Woher wusstest du das? Ich hatte den Typ jetzt **20 Minuten** am Telefon, und er ist nicht auf die Idee gekommen, dass es kein Codeproblem ist!
William, Patty, Wes ... sagt mir, was ihr von dieser Situation haltet. Und nehmt kein Blatt vor den Mund.
Wir bekommen immer noch unvollständige Releases von den Entwicklern.
In den letzten zwei Stunden habe ich schon zwei Instanzen gesehen, bei denen sie mehrere wichtige Dateien vergessen hatten. So läuft der Code garantiert nicht.
William, was denkst du aus deiner QA-Perspektive?
Ich glaube, Phoenix fliegt uns in Production um die Ohren. Der Code ändert sich so schnell, dass wir nicht hinterherkommen.
Ich habe ein paarmal mit Chris darüber gesprochen, das Release zu stoppen, aber er und Sarah haben mich regelrecht überfahren.

Was meinst du mit »nicht hinterherkommen«?
Wenn wir beim Testen Probleme finden, schicken wir den Code zur Behebung an die Entwicklungsabteilung zurück. Die schicken uns dann ein neues Release.
Das Problem ist, dass es etwa eine halbe Stunde dauert, bis alles eingerichtet ist und läuft. Der Smoke-Test braucht dann weitere drei Stunden.
In der Zeit bekommen wir von den Entwicklern wahrscheinlich drei neue Releases, die ebenfalls den Smoke-Test durchlaufen müssen.
Außerdem macht es mir Sorgen, dass die Versionierung nicht mehr funktioniert.
Wir sind beim Tracking der Versionsnummern beim gesamten Release zu schlampig geworden.
William hat recht. Wir werden die ganze Nacht hier sein. Wir brauchen mindestens noch 20 große Server, um die Last zu verteilen.
Ich weiß nicht, wo wir kurzfristig so viele Maschinen herbekommen sollen. Vielleicht können wir ein paar Produktionsserver dafür missbrauchen?
Ist es schon zu spät, das Deployment zu stoppen? Ab wann genau können wir nicht mehr zurückrudern?
Sehr gute Frage. Das muss ich mit **Brent** klären. Aber ich glaube, wir könnten das Deployment jetzt stoppen, ohne Probleme zu bekommen.
Sobald wir aber damit beginnen, die Datenbank zu konvertieren, damit sie Bestellungen von den POS-Systemen* **und** von Phoenix übernimmt, gibt es kein Zurück mehr.
***»Point of Sale«**-Systeme, zum Beispiel Registrierkassen und Check-out-Systeme.

Ich werde Steve, Chris und Sarah eine E-Mail schicken und versuchen, das Deployment zu verschieben.
Danach versuche ich, Steve zu finden. Vielleicht kann ich noch eine Woche rausholen. Ach zur Hölle – **ein Tag mehr** würde uns schon weiterhelfen.
Patty, versuche, zusammen mit William herauszufinden, wie wir die Releases besser koordinieren können.
Geht rüber zu den Entwicklern und betätigt euch als Fluglotsen. Stellt sicher, dass alles korrekt bezeichnet und versioniert ist. Danach informiert ihr Wes.
Kurz danach in Bills Büro ...
Von: Bill Palmer
An: Steve Masters
Cc: Chris Allers, Sarah Moulton
Betreff: **DRINGEND: Große Probleme beim Phoenix-Deployment**
Steve,
es ist mir klar, wie wichtig Phoenix für das Unternehmen ist. Nach aktuellem Wissensstand wird Phoenix zum Starttermin morgen um 8 Uhr jedoch nicht lauffähig sein. Es besteht ein sehr hohes Risiko, dass ein Deployment Auswirkungen auf die POS-Systeme hat und Kundendaten gefährdet. Ich empfehle, den Projektstart um eine Woche zu verschieben. Ansonsten wird es ziemlich sicher zu einer Katastrophe kommen.
Ich rufe dich gleich an, um die Sache mit dir zu besprechen.
Gruß
Bill
Steve, ich möchte dich kurz informieren. Ich kann nicht genug betonen, wie schlecht dieses Deployment läuft. Die Sache wird uns um die Ohren fliegen. William sieht das übrigens auch so.
Habe gerade deine E-Mail gelesen. Klingt schlimm, aber wir haben keine Wahl mehr. Wir müssen weitermachen.
Das Marketing hat für das Wochenende schon Werbung im nationalen Fernsehen und in Zeitungen geschaltet, in der die Verfügbarkeit von Phoenix angekündigt wird.
Wie schlimm muss es denn noch werden, damit du das Release verschiebst? Ich sage dir, mit diesem Deployment gehen wir ein enormes Risiko ein.
Dann sag ich dir was: Wenn du Sarah davon überzeugen kannst, das Deployment zu verschieben, können wir darüber reden. Ansonsten macht ihr weiter.
Machst du Witze? Sie ist doch diejenige, die an dieser Misere schuld ist.
So sehr ich es hasse: Ich habe das Gefühl, noch einen letzten Versuch unternehmen zu müssen, um diesen Wahnsinn zu stoppen. Und das heißt, mit Sarah persönlich zu sprechen.

Zurück im Phoenix War Room ...
Sarah, können wir sprechen?
Sicher, was gibt's?
Am besten reden wir im Flur.
Wie geht das Deployment aus deiner Sicht voran?
Du weißt ja, was passiert, wenn wir versuchen, schnell zu sein. Bei Technologie sind unvorhersehbare Herausforderungen unvermeidlich.
Wo gehobelt wird, da fallen nun mal auch Späne.
Ich glaube, das hier ist etwas schlimmer als ein normaler Roll-out. Meine E-Mail hast du gelesen, oder?
Ja sicher. Und hast du meine Antwort schon gesehen?
Nein, aber bevor du mir deine Sicht erklärst, möchte ich sichergehen, dass du die Auswirkungen und Risiken für das Geschäft verstehst.
Wir haben uns alle den Hintern aufgerissen, um Phoenix bis hierher zu bringen.
Marketing ist bereit, die Entwickler sind bereit. Alle sind bereit, nur du nicht.
Ich habe es dir schon einmal gesagt, aber offenbar hast du nicht zugehört: Perfekt ist der Feind von gut. Wir müssen weitermachen.
Nein, der Mangel an Kompetenz ist der Feind von gut. Wir werden Tage oder gar Wochen brauchen, um alle Probleme zu beheben – und das nur wegen schlechter Entscheidungen.

Sarah
Alle sind bereit. Marketing, Dev und das Projektmanagement haben alles gegeben. Jetzt bist du dran. **WIR MÜSSEN WEITERMACHEN!**
B
Die Nacht wird immer schlimmer. Bin noch mindestens ein paar Stunden hier. Wir sehen uns am Morgen. Hab dich lieb. Drück mir die Daumen.
Chef, wir haben ein sehr ernstes Problem.
Was ist es jetzt schon wieder? Lass uns zurück zum War Room gehen.
Gegen 21 Uhr haben wir den »Point of no Return« erreicht. Ich habe den Fortschritt bei der Umwandlung der Phoenix-Datenbank überwacht – sie dauert tausendmal länger, als wir dachten.
Eigentlich sollte die Umwandlung schon vor Stunden erledigt sein, tatsächlich sind es aber erst 10 %. Das heißt, es dauert mindestens bis Dienstag, bis alle Daten konvertiert sind. Wir sind vollkommen aufgeschmissen.
Wo liegt das Problem?
Das Skript muss komplett durchlaufen, bevor wir die POS-Systeme wieder starten können.
Wir können das Skript nicht anhalten oder neu starten. Und wir können nichts tun, damit es schneller läuft.

Und Brent?
Er hat einen Blick darauf geworfen und meinte, dass wohl irgendjemand zu früh die Datenbankindizierung aktiviert hat, was die Inserts verlangsamt.
Wir können nichts daran ändern, ohne Daten zu zerschießen. Also habe ich ihn wieder auf das Phoenix-Deployment angesetzt.
Und wie sieht es mit allem anderen aus? Irgendwelche Performanceverbesserungen? Was ist mit den Wartungstools für die Datenbank?
Die Leistung ist immer noch grottig. Ich glaube, die Applikation hat ein riesiges Speicherleck – und das, ohne dass überhaupt Nutzer im System sind.
Meine Leute befürchten, dass manche Server alle paar Stunden neu gebootet werden müssen, nur damit uns nicht alles um die Ohren fliegt. Diese verdammten Entwickler.
Wir konnten 15 Server zusammenkratzen, manche neu, andere haben wir aus allen möglichen Ecken der Firma rausgerissen.
Und jetzt fehlt uns der Rack-Platz im Rechenzentrum, um sie zu deployen. Wir müssen vieles neu verkabeln und in die Racks schrauben. Pattys Team hilft dabei.
Großer Gott. Endlich haben wir die nötigen Server, und jetzt finden wir keinen Platz, um sie einzubauen. Unglaublich.
Uns bleibt auch nichts erspart.
Okay, alle mal herhören. Unsere höchste Priorität besteht darin, herauszufinden, welche Auswirkungen eine unvollständige Datenbank auf die POS-Systeme hat.
Wes, such dir jemanden, der sich damit möglichst gut auskennt. Schlimmstenfalls rufst du jemanden aus Sarahs Team an, der für die täglichen Ladenverkäufe zuständig ist.

6 Uhr 45 am nächsten Morgen ...
Ich habe seit Jahren nicht mehr durchgemacht.
Erste Station des Tages: ein Notfall-Meeting, einberufen von **Maggie Lee**, Sarahs Senior Director of Retail Program Management.
Um 7 Uhr im Phoenix War Room
Das war eine Nacht der Heldentaten, und ich danke allen für ihren Einsatz, um unsere Phoenix-Ziele zu erreichen.
Wie ihr wisst, haben wir dieses Notfall-Meeting einberufen, weil mit der Datenbankkonvertierung etwas schiefgelaufen ist.
Sämtliche POS-Systeme sind down. Das heißt, die Kassen in den Läden funktionieren nicht mehr.
Die gute Nachricht: Die Phoenix-Website läuft. Mein Dank an Bill und die gesamte IT-Operations-Crew.
Mir wäre es deutlich lieber, statt Phoenix würden die POS-Systeme funktionieren.
Im Network Operations Center stehen unsere Telefone nicht mehr still. Ständig werden wir am Telefon angeschrien, dass Systeme nicht mehr funktionierten.
Wir müssen proaktiv tätig werden und den Läden eine Zusammenfassung der Ereignisse schicken. Sie müssen genau angewiesen werden, wie sie ohne die POS-Systeme arbeiten können.
Das ist eine gute Idee. Wie wäre es, wenn du einen ersten Entwurf der E-Mail erstellst? Danach können wir dann übernehmen.
Bitte? Ich bin doch kein Store Manager! Wie wäre es, wenn sich deine Gruppe darum kümmert und ich sicherstelle, dass die Informationen stimmen?
Ich kümmere mich darum.

Um 14 Uhr im Phoenix War Room ...
Ich kann nicht glauben, dass unsere Läden jetzt komplett im manuellen Notmodus laufen.
Die Verkäufe werden mit manuellen Kreditkartenmaschinen abgewickelt, und die Durchschläge landen in Schuhkartons.
Kunden, die die Phoenix-Website verwenden wollen, beschweren sich, dass diese entweder nicht zu erreichen ist oder schlicht unbenutzbar.
Jetzt sind wir sogar ein Trendthema auf Social Media – inklusive LinkedIn.
O nein ... was macht Ann aus der Finanzabteilung denn an einem Samstag hier? Da stimmt doch was nicht.
Bill, ich weiß, wir begegnen uns nur bei finanziellen Katastrophen. Ich kann einfach nicht glauben, dass du möglicherweise die Kontrolle über die Auftragsdaten verloren hast.
Ich habe mein Team angerufen. Wir richten unseren War Room gegenüber ein, um Anrufe aus den Geschäften entgegenzunehmen und uns um die problematischen Bestellungen zu kümmern.
Schon jetzt gibt es Hunderte Beschwerden von stinksauren Kunden, die uns aus den Geschäften sogar **gefaxt** werden.
Hallo Ann, ich freue mich auch, dich zu sehen.
Ich sage Wes Bescheid, damit er sich um dein Team kümmert.
Die Engineers werden ein paar Werkzeuge schreiben, damit ihr die ständig wachsende Flut an kaputten Transaktionen verarbeiten könnt.
Du siehst furchtbar aus. Ich habe mich schon ausgeruht. Geh nach Hause und hau dich für ein paar Stunden aufs Ohr.
Ich hab hier so weit alles im Griff. Ich rufe dich an, wenn sich was ergibt.

16:30 Uhr, zu Hause bei Bill ...
BSS BSS
Was gibt's?
Schlechte Nachrichten. Social Media ist voll davon, dass die Phoenix-Website Kreditkartennummern von Kunden preisgibt. Es werden Screenshots gepostet.
Wenn du deinen Warenkorb ausleerst, stürzt die Session offenbar ab, und die Kreditkartennummer der letzten erfolgreichen Transaktion wird angezeigt.
Ruf John an. Der dreht bestimmt richtig am Rad.
Für solche Fälle gibt es ein Protokoll – mit Tonnen von Papierkram und möglicherweise auch mit Strafverfolgung und Rechtsanwälten.
Bill
Ich habe ihn schon angerufen. Er und sein Team kommen ins Büro. Er ist ziemlich angepisst. Er hat sogar aus **Pulp Fiction** zitiert.
Du weißt schon ... die Sache mit dem Jüngsten Gericht, großen Rachetaten und Strafen voller Grimm.
Ich bin unterwegs.

KAPITEL 13 MONTAG, 15. SEPTEMBER

Sobald die Filialleiter wieder normal arbeiten können ...
... werde ich mit jeder einzelnen Person, die an dieser Sache beteiligt ist, 15 Minuten sprechen. Andere Termine sind keine Ausrede.
Damit meine ich euch: Sarah, Chris, Bill, Kirsten, Ann.
Und auch dich, John.
Glückwunsch, John. Toller Zeitpunkt, um endlich von Steve bemerkt zu werden.
Ich bin in zwei Stunden zurück. Bis dahin muss ich einem weiteren Journalisten das Chaos hier erklären!
KNALL
Ihr habt Steve gehört.
Wir müssen nicht nur die POS-Systeme wieder ans Laufen bekommen, sondern uns auch um die Bedienbarkeit der Phoenix-Website kümmern.
Hast du den Verstand verloren?
Wir halten Phoenix durch reine Heldentaten am Laufen. Noch mehr Instabilität können wir uns nicht leisten.

Ich würde empfehlen, Code-Roll-outs nur noch zweimal täglich durchzuführen und nur Änderungen zuzulassen, die sich auf die Performance auswirken.
Einverstanden. Was meinst du, William?
Absolut. Ich schlage vor, wir teilen den Entwicklern mit, dass jeder Code-Commit eine Fehlernummer enthalten muss, die sich auf ein Performanceproblem bezieht.
Ich bin nicht einverstanden. Wir müssen auf den Markt reagieren können. Und der Markt sagt uns, dass Phoenix zu schwer zu benutzen ist.
Die Zeit für Usability-Tests und Validierung ist seit Monaten vorbei.
Wenn wir es beim ersten Mal nicht richtig hinbekommen haben, werden wir es ohne richtige Arbeit erst recht nicht schaffen.
Sehe ich auch so.
Das sind einige wichtige Argumente.
Von mir aus genehmigt.
Hmm, ich bin nicht sicher, ob Sarah überhaupt in der Position ist, etwas zu genehmigen.
Chris hat mich überrascht, auch wenn ich ihn weiterhin für Sarahs Erfüllungsgehilfen halte. Aber im Zweifel soll man ja für den Angeklagten sein.

Später am Vormittag ...
Ich bin wirklich neugierig, wie sie mit diesem Chaos umgehen.
Kaum zu glauben, dass die Finanzabteilung die Bestellungen von Hand aufsummiert und das Ausmaß dieser Katastrophe berechnet.
Steve hat recht. Diesmal haben wir die Kunden ernsthaft verärgert. Und das ist wirklich peinlich.
Na, noch ein Phoenix-Wrack?
John sagt zwar nicht direkt: »Ich hab's dir doch gesagt« ...
... aber fast.
Bill, wir haben ein Riesenproblem.
Wir müssen reden. Im Flur. Jetzt.
Sieh dir diesen Bestellschein an. Erkennst du das Problem?
Diese dreistellige Zahl ist der CVV2-Code auf der Rückseite der Kreditkarte. Nach den Regeln der Payment Card Industry dürfen wir nichts davon speichern oder übertragen.
O nein. Nicht schon wieder!
Bill, die Sache ist wirklich ernst. Wir müssen sämtliche Informationen sofort vernichten.
Gerade als ich dachte, es könnte nicht noch schlimmer werden ... Jetzt stecken wir richtig tief in Schwierigkeiten.

Wir müssen jede einzelne Bestellung bearbeiten, damit die Konten unserer Kunden nicht doppelt oder gar dreifach belastet werden.
Du verstehst nicht.
Die Strafe richtet sich nach der Anzahl der betroffenen Kreditkarteninhaber.
Verdammt! Die PCI-Auditoren sind heute hier, um einen Businessprozess-Walkthrough durchzuführen.
Das soll wohl ein Witz sein.
Das ist ein absoluter Albtraum.
Schau, ich weiß, dass so manch einer glaubt, du wärst nicht auf unserer Seite, aber ich brauche jetzt wirklich deine Hilfe.
Du musst mir die Auditoren vom Leib halten. Sie dürfen dieses Stockwerk nicht betreten.
Okay, ich kümmere mich um die Auditoren.
Aber ich glaube immer noch nicht, dass du verstanden hast. Wir müssen die Daten sofort vernichten.
Also gut, ich sorge dafür, dass die Finanzabteilung das versteht und sich darum kümmert.
Vielleicht kann ich alle Bestellungen einscannen und zur Dateneingabe an eine andere Firma schicken lassen.
Auf gar keinen Fall! Das wäre noch schlimmer!
Vergiss nicht: Wir dürfen die Daten nicht übertragen – und schon gar nicht an einen externen Dienstleister.
Halt die Auditoren von dieser Etage fern, und ich kümmere mich um die Kartendaten, okay?

Er macht nur seinen Job. Er macht nur seinen Job.
Was für ein Durcheinander. Zeit, zurückzugehen und die schlechte Nachricht zu überbringen.
PHOENIX POS RECOVERY
WAR ROOM
Bills Büro im NOC, 14 Uhr 30 ...
KLINGEL
Ich habe die Auditoren direkt nebenan hier in Gebäude 7 untergebracht. Sie werden dem Phoenix War Room nicht zu nahe kommen.
Großartig, John. Danke, dass du dich darum kümmerst.
Ich erwähne es nur ungern, aber die Antwort auf das SOX-404-Audit ist heute für das interne Audit fällig. Wie weit bist du damit?
Eigentlich war geplant, den Bericht am Wochenende nach dem Phoenix-Deployment zu schreiben. Aber die Sache lief ja nicht ganz wie geplant.

Du weißt, dass das gesamte Audit-Komitee da einen Blick drauf wirft, oder?
Wenn du die Deadline reißt, ist das ein Alarmsignal dafür, dass wir ernsthafte Sicherheitsprobleme haben.
Glaub mir, wenn ich irgendetwas tun könnte, würde ich es tun.
Aber im Moment arbeitet mein gesamtes Team rund um die Uhr an der Behebung der Phoenix-Probleme.
Und selbst wenn der Bericht fertig wäre und ich ihn nur noch abzuholen bräuchte, wäre das nicht möglich. Uns steht das Wasser bis zum Hals.
Ich könnte noch zwei Engineers loseisen. Vielleicht können die dabei helfen, den Aufwand zu ermitteln?
Das wäre eine unglaubliche Hilfe. Bitte schick Wes eine E-Mail mit ein paar Stichpunkten zu deinen Leuten.
Wow, wie befreiend ist es, zu sagen, dass mein Team absolut am Anschlag ist, und dass mir das sogar jemand glaubt.
Aber irgendetwas läuft vollkommen verrückt, wenn ich Gründe finde, mich am selben Tag bei der Entwicklung und dem Sicherheitsteam zu bedanken.

KAPITEL 14 DIENSTAG, 16. SEPTEMBER

Um die Leute zu beruhigen, die Phoenix benutzt haben, gibt die Marketingabteilung 100-Dollar-Gutscheine aus, die uns Millionen kosten könnten.
Eigentlich sollten wir Geld an unseren Kunden verdienen, nicht umgekehrt.
Als ehemaliger Sergeant weiß ich, dass ein Tadel manchmal angebracht ist, aber das hier ist zu viel.
Nichts für ungut, Steve, aber meinst du, das wäre mir neu?
Ich habe dich angerufen, dir geschildert, was passieren würde, und dich gebeten, den Launch zu verschieben. Aber du hast mich abblitzen lassen und gesagt, ich solle versuchen, Sarah zu überzeugen.
Wo ist denn hier deine Verantwortung? Oder hast du dein gesamtes Denken an Sarah ausgelagert?
Ich weiß mehr über Verantwortung, als du vermutlich im ganzen Leben lernen wirst. Ich bin deine panischen Überreaktionen wirklich leid.
Wie wäre es, wenn du stattdessen endlich mal echte Lösungen liefern würdest?
Als deine spezielle Freundin Sarah mir vor zwei Wochen von diesem hirnlosen Plan berichtet hat, habe ich dir genau gesagt, was passieren wird.

Ich sage dir, was ich von dir brauche. Ich brauche Geschäftsbereiche, die mir sagen, dass sie nicht länger von euch IT-Typen in Geiselhaft gehalten werden.
Das kriege ich nämlich, seit ich CEO bin, ständig zu hören. IT steht **jedem** größeren Projekt im Weg, während unsere Konkurrenz an uns vorbeizieht und wir nur Staub schlucken.
Verdammt! Offenbar können wir nicht mal mehr aufs Klo gehen, ohne dass es IT-Probleme gibt.
Dank der letzten IT-Katastrophe besteht der Aufsichtsrat jetzt darauf, das Unternehmen aufzuspalten.
Ich habe keine Lust mehr, Russisch Roulette mit der IT zu spielen. Phoenix zeigt mir nur, dass IT eine Kompetenz ist, die wir hier vermutlich nie entwickeln werden.
Ich habe Dick grünes Licht gegeben, das Outsourcing der gesamten IT zu untersuchen, und ihn gebeten, in 90 Tagen einen Anbieter zu finden.
Ich erwarte, dass du Dick alle Hilfe zukommen lässt, die er braucht. Wenn dir ein Wunder gelingt, bevor ein Anbieter ausgewählt ist, überlegen wir vielleicht, die IT doch nicht auszulagern.
Das wäre alles, meine Herren.
Bitte schickt Kirsten rein.

Die gesamte IT auslagern? Dadurch würden alle Mitarbeitenden meiner Abteilung ihre Jobs verlieren.
Und Mist, vielleicht hätte auch ich dann keine Arbeit mehr.
Ich brauch 'nen Drink. Kommst du mit?
Wir treffen uns im Dockside, dem Pub an der Ecke.
Mittagszeit im Dockside ...
Weißt du, ich denke ...
... vielleicht ist es nicht einmal das Schlimmste, wenn meine Gruppe outgesourct würde.
Ich habe meine gesamte Laufbahn in der Softwareentwicklung verbracht. Ich bin es gewohnt, ständig Wunder zu vollbringen. Aber nach dem letzten Albtraum frage ich mich, ob es vielleicht Zeit ist für eine Veränderung ...
Was für eine Veränderung? Willst du etwa eine Mai-Tai-Bar in Florida aufmachen oder so?
Früher hat mir diese Arbeit Freude gemacht. Aber in den letzten zehn Jahren ist es immer schwieriger geworden.
Die Technologie ändert sich immer schneller, sodass man kaum hinterherkommt.
Wie oft kannst du alles, was du weißt, über Bord werfen, nur um dem neuesten Trend hinterherzurennen?
Ich habe mir in der IT absichtlich die zweite Reihe ausgesucht, und damit war ich zufrieden.
Und zwar so lange, bis Steve mich in das große Haifischbecken geworfen hat.

Es wird immer schwerer, die Geschäftsleitung vom Richtigen zu überzeugen. Die verhalten sich wie Kinder im Süßigkeitenladen.
Vor ein paar Jahren hat das Marketing meine Gruppe gebeten, ein Berichtswerkzeug für Datenbanken zu supporten, das einer ihrer Praktikanten geschrieben hat.
Das ist wie ein geschenkter Hundewelpe. Die Anschaffung ist nicht das Problem, aber der Unterhalt im Backend bringt einen um.
Ja genau! Die sagen dann: »Dieser Hundewelpe kann ja gar nichts von dem, was wir brauchen.«
»Könnt ihr ihm nicht mal eben beibringen, wie man ein Flugzeug fliegt? Sind doch nur ein paar Zeilen Code, oder?«
Die haben doch keine Ahnung, was das für Probleme schafft.
Meine größte Sorge ist im Moment die Arbeitsbelastung meines Teams. Wir sind komplett am Limit.
Interessant. Uns geht es eigentlich genauso. Wir hatten noch nie so viele Probleme mit den Deployment-Terminen.
Ständig müssen meine Engineers die eigentliche Entwicklungsarbeit liegen lassen, um sich um die Eskalationen zu kümmern, wenn wieder was kaputtgegangen ist.
Und die Deployments brauchen auch immer länger. Manche benötigen sogar schon eine ganze Woche – wie Phoenix.
Das Problem mit Phoenix ist die Kombination aus dem Zwang, Features auf den Markt zu bringen, und den Abkürzungen, die wir deshalb nehmen müssen.
Und dadurch werden die Deployments immer schlechter.
Chris bringt es auf den Punkt: Das ist eine Abwärtsspirale, aus der wir nicht herauskommen ...

Hör zu – auch wenn es vielleicht ein bisschen spät ist: Meine Rolle bei dem Phoenix-Fiasko tut mir wirklich leid.
Danke, ist schon gut.
Aber mach das nicht noch einmal. Sonst sorge ich dafür, dass Wes bei allen euren Dienstbesprechungen dabei ist.
Lass uns darauf anstoßen, dass das nicht wieder passiert, okay?
Was mir aber wirklich Sorgen macht, ist, dass Sarah versuchen wird, uns die ganze Geschichte in die Schuhe zu schieben.
Die ist wie Teflon. An der bleibt nichts hängen.
Wir müssen zusammenhalten. Ich stehe hinter dir und gebe Bescheid, wenn ich mitkriege, dass sie versucht, wieder so ein politisches Ding zu drehen.
Ebenso.
Das hat gutgetan. Wie wäre es, wenn wir uns einmal die Woche träfen, um herauszufinden, was wir gegen diese Outsourcing-Idee tun können?
Auf jeden Fall. Ich werde das jedenfalls nicht einfach hinnehmen, sondern kämpfen.

Später am Nachmittag in Bills Büro ...
Wir schmeißen spontan eine Party, um den Abschluss von Phoenix zu feiern. Nichts Besonderes, aber ich habe ein Fass Bier, etwas Wein und was zu essen bestellt. Wir treffen uns um 19 Uhr in der Kantine von Gebäude 7.
Chris
Das leite ich an Wes und Patty weiter.
B
Versuche, alle zu ermuntern, dabei zu sein. Sie haben es sich verdient.
W
Was für ein Idiot! Von meinen Leuten kann kaum jemand kommen. Wir müssen die fehlerhaften Transaktionsdaten reparieren, die deren Mistcode erzeugt hat.
Wie Spock einmal sagte: »Nur Nixon konnte nach China gehen.« Und jetzt bin ich wohl Nixon.
Wir müssen die Mauer zwischen Development und Operations überwinden. Das ist die einzige Möglichkeit, das drohende Outsourcing noch abzuwenden.
B
Wes, ich weiß, das ist nicht einfach. Aber wir müssen eine Beziehung zu Chris' Team aufbauen. Selbst, wenn es nur für eine halbe Stunde ist.
W
Also gut.

KAPITEL 15 MITTWOCH, 17. SEPTEMBER

Später bei der Arbeit …
Hast du eine Minute Zeit? Ich glaube, wir haben noch ein Problem.
Patty, was hast du auf dem Herzen? Lass mich raten: noch mehr Menschen, die sich über das Change-Management beschweren?
Noch viel ernster. Ich zeige es dir.
Kurz danach im Change-Management-Raum …
Das ist seltsam. In diesen Zeilen gibt es gar keine Change-Karten …
Offensichtlich – und trotzdem irgendwie unerwartet, oder?
Ich versteh's nicht. Wo sind die alle, und warum sind sie weg?
Phoenix ist passiert. Die gesamte geplante Arbeit ist den Bach runter.
Und jetzt haben wir einen Berg ungeplanter Arbeit, die uns von den eigentlichen Aufgaben abhält.

Als ich das letzte Mal mit Erik gesprochen habe, sagte ich ihm, dass ich **drei** der vier Kategorien von Arbeit entdeckt habe: geschäftliche Projekte, interne IT-Projekte und Änderungen.
Er sagte, die vierte Kategorie sei die wichtigste, weil sie so zerstörerisch ist.
Ungeplante Arbeit hält uns davon ab, die geplante Arbeit zu tun.
Wie Materie und Antimaterie. Sobald es ungeplante Arbeit zu tun gibt, geht die geplante Arbeit in Flammen auf und verbrennt sich selbst und alles um sie herum.
Vieles von dem, was ich in meiner kurzen Zeit als VP of IT Operations angestoßen habe, tat ich, um ungeplante Arbeit zu vermeiden ...
... um Änderungen zu koordinieren, damit sie nicht scheitern, um sicherzustellen, dass ordentlich mit Ausfällen umgegangen wird, und um alles dafür zu tun, dass Brent nicht eingreifen muss.
Ja! Jetzt verstehe ich! Es ist wirklich die ungeplante Arbeit! Die vierte Kategorie der Arbeit ist die **ungeplante Arbeit**!
???
Erik, der Kandidat für den Aufsichtsrat ... warte – ach egal.
Ich muss kurz vor die Tür und einen Anruf machen. Großartige Arbeit, Patty. Weiter so!
Hey, wolltest du mir nicht was erklären?
Später! Versprochen!

Kurz darauf ...
Super! Genau mit dir wollte ich gerade sprechen.
Hey Bill. Setzen wir uns.
Ich vermute, du kennst inzwischen die vier Kategorien der Arbeit, richtig?
Ja, ich glaube schon. In der Fabrik habe ich dir eine Kategorie genannt. Das sind **geschäftliche Projekte** – wie Phoenix.
Später habe ich gemerkt, dass ich die **internen Projekte** nicht erwähnt habe. Und eine Woche später fiel mir ein, dass **Änderungen** eine weitere Arbeitskategorie sind.
Aber erst nach dem Phoenix-Fiasko ist mir klargeworden, was die letzte Kategorie ist ...
... und zwar weil es alle anderen Arbeiten verhindert. Das ist die letzte Kategorie: Feuerlöschen. **Ungeplante Arbeit**.
Ganz genau! Du hast sogar meinen Lieblingsbegriff benutzt: ungeplante Arbeit.
»Feuerlöschen« beschreibt die Sache zwar ziemlich gut, aber »Ungeplante Arbeit« ist noch besser.
Noch besser wäre vielleicht sogar der Begriff »Anti-Arbeit«, weil das ihre zerstörerischen und vermeidbaren Eigenschaften verdeutlicht.

Du bist viel weiter gekommen, als ich erwartet habe.
Du hast damit begonnen, die Arbeitsumgebung zu stabilisieren, das WIP innerhalb der IT-Ops zu visualisieren und deinen **Engpass** zu schützen: Brent.
Moment. Brent ist mein **Engpass**?
Sagtest du nicht, du hättest auf der Business School etwas über die Leitung von Fabriken gelernt?
Ich hoffe, es war Teil des Curriculums, **Das Ziel** von Dr. Eli Goldratt zu lesen. Falls du kein Exemplar mehr hast, solltest du dir ein neues besorgen. Du wirst es brauchen.
Sensei Goldratt hat uns gelehrt, dass es in den meisten Fabriken wenige Ressourcen gibt – seien dies Menschen, Maschinen oder Materialien –, die den Ausstoß des gesamten Systems diktieren.

Das nennen wir den Engpass – oder Flaschenhals.
Solange du kein zuverlässiges System aufgebaut hast, um den Arbeitsfluss bis zum Engpass zu steuern, wird dieser Engpass fortlaufend verschwendet ...
... was außerdem dazu führt, dass der Engpass deutlich zu wenig ausgelastet ist.
Das heißt, du kannst dem Unternehmen nicht die volle Leistung bieten, die dir eigentlich zur Verfügung steht.
Und wenn du deine technischen Schulden nicht bezahlst, werden sich deine Probleme und die ungeplante Arbeit mit der Zeit noch verstärken.
Also, wir haben Brent als Flaschenhals identifiziert. Du wirst feststellen, dass er auch andere wichtige Arbeitsabläufe ausbremst.

In **Das Ziel** nennt Goldratt fünf Schritte, auf die man sich konzentrieren muss, um die Engstelle auszumachen.
Teil I hast du auf deine eigene Weise herausgefunden. Herzlichen Glückwunsch.

Schritt 2 besteht darin, den Engpass auszulasten. Du musst also sicherstellen, dass er keine Zeit verschwendet. Niemals.
Die Engstelle sollte grundsätzlich an den Aufgaben mit der höchsten Priorität arbeiten, die IT Operations gegenüber dem Unternehmen hat. Und zwar immer.
Du hast deine Engstelle in vielen Punkten bereits ausgelastet, etwa indem du dich bei ungeplanter Arbeit und Ausfällen weniger auf Brent verlässt.

Du hast sogar damit begonnen, herauszufinden, wie du Brent für die drei anderen Arten der Arbeit besser auslasten kannst: geschäftliche Projekte, IT-Projekte und Änderungen.
Und obwohl du noch einen weiten Weg vor dir hast, bist du bereit, über Schritt 3 nachzudenken: alles dem Engpass unterzuordnen.
In der Theory of Constraints wird das typischerweise als sogenanntes **Drum-Buffer-Rope** umgesetzt.

In **Das Ziel** entdeckt Alex, die Hauptfigur, dass Herbie als langsamster Pfadfinder die Marschgeschwindigkeit der gesamten Gruppe vorgibt.
Alex beordert Herbie an die Spitze der Gruppe, damit der Abstand zwischen den Kindern nicht zu groß wird.
Später in seiner Fabrik sorgt Alex dafür, dass die Arbeit in dem Tempo ausgeführt wird, die der Härtungsofen verarbeiten kann – der Flaschenhals seiner Fabrik.
Das war sozusagen sein »Herbie«.

20 Jahre nach Veröffentlichung von **Das Ziel** benutzte Sensei David J. Anderson ein Kanban-Board, um den Arbeitsfluss und das WIP für Entwicklung und IT Operations zu steuern.
Das könnte für dich interessant sein. Das Change-Board, das du und Patty erstellt habt, hat große Ähnlichkeit mit einem Kanban-Board und kann auch den Arbeitsfluss steuern.

Hier ist deine Hausaufgabe: Finde heraus, wie du das Arbeitstempo an Brent anpassen kannst.
Sobald du IT Operations mit der Arbeit in der Fabrikhalle zur Deckung gebracht hast, wird das ganz einfach sein.
Moment mal. Ich mache natürlich meine Hausaufgaben, aber reden wir hier nicht am Thema vorbei?
All die ungeplante Arbeit wurde doch durch Phoenix verursacht. Warum konzentrieren wir uns dann trotzdem auf Brent?
Müssen wir die Phoenix-Probleme nicht im Entwicklungsteam angehen, von dem all die ungeplante Arbeit ausgeht?
Natürlich verursacht Phoenix die Probleme. Am Ende bekommst du, was du entworfen hast.
Aber dein wahres Problem ist die Person, die am besten weiß, wo die technischen Schulden liegen und wie man Code schreibt, der auch im produktiven Betrieb funktioniert, zu beschäftigt ist.
Du weißt, wen ich meine, oder?
Brent?
Genau. Du wirst immer besser.
Aber bevor dir das jetzt zu Kopf steigt, musst du noch ein großes Stück des Ersten Wegs zurücklegen.

Du kannst nicht unterscheiden, welche Arbeit für das Geschäft wichtig ist und welche nicht.
Das geht über das Verringern des WIP hinaus. Das Entfernen von nutzloser Arbeit aus dem System ist wichtiger als die Fähigkeit, mehr Arbeit in das System hineinzupumpen.
Dafür musst du wissen, was für das Erreichen der Geschäftsziele wichtig ist.
Vergiss nicht: Am Ende zählen die Ergebnisse und nicht der Prozess, nicht die Einhaltung von Regeln – nicht einmal, welche Arbeit du erledigst.
Sorge dafür, dass sich das Arbeitstempo nach Brent richtet.
Ich muss los. Ruf mich an, wenn du weißt, wie das geht.
Warte ... was zum Henker?
Ich muss so viel wie möglich dokumentieren, damit nichts von dem verloren geht, was Erik angesprochen hat.
Ich muss Wes und Patty anrufen. Ich weiß genau, was zu tun ist.
Ich kann es kaum erwarten, loszulegen.

KAPITEL 16 DONNERSTAG, 18. SEPTEMBER

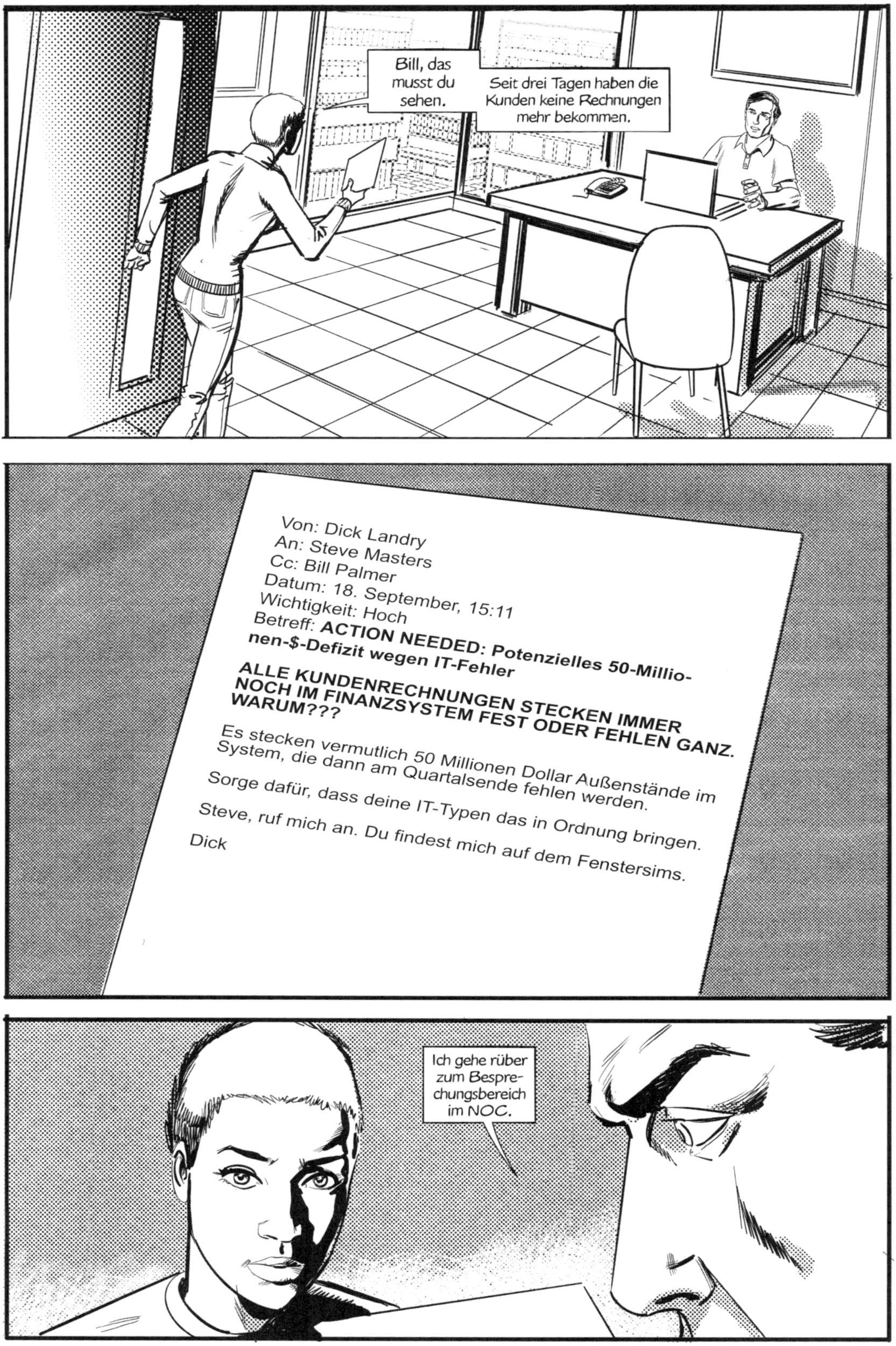

Meine allererste und größte Sorge ist der Verlust von Transaktionsdaten.
Meine Damen und Herren, ich muss es ganz deutlich sagen:
Fasst nichts an, ohne dass ich es vorher genehmigt habe.
Wir haben es hier nicht mit einem Ausfall zu tun.
Wir befinden uns in einer Situation, in der wir versehentlich Bestellungen oder Rechnungsdaten verlieren könnten.
Das macht mir Angst. Und **das** wiederum sollte **euch** Angst machen.
Wie Patty bereits gesagt hat: Wir brauchen Zeitpläne, und wir brauchen Mutmaßungen darüber, was den Ausfall des Rechnungssystems verursacht haben könnte.
Das hier ist unser Apollo-13-Moment, und ich bin Gene Kranz von Mission Control.
Ich will kein Rätselraten, sondern faktenbasierte Hypothesen.
Also, zurück an die Rechner. Stellt Zeitpläne und Daten zusammen. Ich brauche eure besten Ideen zu Ursache und Wirkung.
Scheitern können wir uns nicht leisten.

Stunden später, es ist 18 Uhr ...
Wir haben über 20 mögliche Fehlerursachen dokumentiert.
Nach weiteren Untersuchungen bleiben die acht wahrscheinlichsten Möglichkeiten übrig. Jede haben wir einem Kollegen zugeteilt, der sich darum kümmert.
Bis die Untersuchungen abgeschlossen sind, können wir als Gruppe nicht viel mehr machen.
Wir treffen uns um 22 Uhr zu einer nächsten Runde.
Einerseits frustriert es mich, dass wir schon wieder in einer Krise stecken und unser Tag von ungeplanter Arbeit bestimmt wird.
Andererseits bin ich äußerst zufrieden, wie geordnet unsere Untersuchung des Vorfalls abläuft.
Im Großen und Ganzen hat das Team in letzter Zeit gute Arbeit geleistet. Nach dem letzten Sev-1-Vorfall bestand die Telefonkonferenz fast nur aus Schuldzuweisungen.
Danach haben wir die erste von mehreren Nachuntersuchungen durchgeführt, um die wahren Ursachen zu finden – ganz ohne Vorwürfe. Dabei hatten wir eine Reihe von Ideen, so etwas in Zukunft zu verhindern.
Noch besser war, dass Patty eine Reihe von Übungs-Notfall-Telefonkonferenzen durchgeführt hat, um das neue Vorgehen zu verinnerlichen.
Das zu beobachten, war erstaunlich. Sogar Wes hat den Wert erkannt.

Gut, dass du da bist. Hast du einen Moment Zeit?
Ich hatte in letzter Zeit deutlich zu viele Meetings und Telefonate mit Steve.
Gehen wir in mein Büro.
Hat Dick dich über das Problem mit den Kundenrechnungen informiert?
Ja sicher. Mein Team hat heute Nachmittag eine »bedeutende Störung« ausgerufen. Seitdem arbeiten wir an dem Problem.
Verstehst du, wie inakzeptabel das ist? Ein weiteres IT-Versagen, das alles in Gefahr bringt.
Wie gesagt, ich habe bereits mit Dick gesprochen, und er hat mir die Folgen sehr deutlich gemacht.
Steve, was brauchst du von mir, was du noch nicht hast?
Was ich von dir brauche, ist ein Sinn für Dringlichkeit.
Wir haben vermutlich jedes einzelne Quartalsziel verfehlt, das wir dem Aufsichtsrat versprochen haben ...
... Umsatz, Einnahmen, Forderungen – einfach alles. Eigentlich läuft jede Maßnahme, die wir dem Aufsichtsrat versprochen haben, in die falsche Richtung.

Was ich jetzt von dir brauche, Bill, ist, dass du den Überblick behältst, damit mein CFO nicht sagt, du kämst nicht hinterher.
Hier brennt die Hütte, und du erzählst mir was von Bildern und Zeitplänen.
Was zur Hölle ist los mit dir? Hast du Angst, deine Leute aus dem Bett zu klingeln?
Wenn ich der Meinung wäre, dass das hilft, hätte ich längst alle für eine Nachtschicht ins Data Center beordert.
Du kannst mir glauben, ich weiß, dass die Hütte brennt. Aber jetzt müssen wir vor allem wissen, was hier eigentlich los ist.
Bevor wir die Teams zum Feuerlöschen reinschicken, muss zumindest jemand nachsehen, wie der Hinterhof aussieht ...
... sonst fackeln wir das Nachbargebäude auch noch ab.
Und nur zur Erinnerung: Während des Payroll-Problems haben wir die Sache durch unseren blinden Aktionismus nur verschlimmert.

Ach ja? Ich glaube, dein Team sieht das anders.
Ich habe heute früh mit Brent gesprochen, und er hat große Zweifel an deinem Vorgehen.
Er glaubt, dass du die Leute, die die Arbeit machen, von den Aufgaben fernhältst, die eigentlich zu erledigen sind.
Was macht Brent jetzt gerade?
Brent ist zu Hause, wo er auch hingehört. Und bis wir wissen, was schiefgelaufen ist, sollte er auch genau dort bleiben.
Das hier ist ein Waldbrand, der außer Kontrolle geraten ist. Bis jetzt haben wir es auf deine Art gemacht. Aber ab sofort läuft die Sache so, wie **ich** es sage.
Ich will, dass du Brent herzitierst. Er soll die Ärmel hochkrempeln und mithelfen, das Problem zu beseitigen.
Und nicht nur Brent. Ich will, dass alle da sind und am Rechner sitzen.
Ich bin Captain Kirk, du bist Scotty, und ich brauche Warp-Geschwindigkeit. Also sorge dafür, dass deine faulen Techniker den Hintern hochkriegen!
Hast du mich verstanden?

Darf ich offen sprechen, Steve?
Ja, verdammt.
Du glaubst, ich sei übervorsichtig und würde zögern, zu tun, was nötig ist.
Aber damit liegst du – vollkommen falsch.
Wenn wir deinem »Alle Hände an Deck«-Vorschlag folgen, wirst du die Dinge nur noch schlimmer machen.
Vor dem Phoenix-Launch habe ich versucht, dir etwas Ähnliches zu raten. Wir sind noch nicht diszipliniert genug beim Lösen von Ausfällen.
Ich empfehle dir, so weiterzumachen, wie ich es bisher vorgegeben habe.

Tut mir leid, dass du das so siehst, aber ich sage dir, wir sind jetzt bei Alarmstufe Rot.
Also setze deine klügsten Köpfe auf das Problem an.
Und ich will alle zwei Stunden einen Statusbericht zu dieser IT-Panne haben, bis das Problem behoben ist.
Verstanden?
Ich weiß nicht, warum ich das für dich tun sollte. Du sprichst doch direkt mit meinen Leuten und gibst die Befehle.
Mach es also selbst. Ich kann für die Ergebnisse dieser grottigen Situation nicht die Verantwortung übernehmen.
Und erwarte morgen früh meinen Rücktritt.
Ich kündige!

KAPITEL 17 MONTAG, 22. SEPTEMBER

Es ist großartig, mit der Familie frühstücken zu können.
Endlich keine Störungen mehr durch irgendwelche Notrufe. Paige und ich brauchen diese gemeinsame Zeit.
Heute erleben wir ein Abenteuer, Grant.
Juhu!
Viel Spaß, ihr beiden.

Es ist ein Geschenk, diesen Moment mit Grant verbringen zu dürfen.
Guck mal, Papa. Noch ein Zug.
Ich habe gar nicht gemerkt, wie selten ich Grant im letzten Monat fotografiert habe.
Ach kommt, Leute ...
Wes
Patty 3 VERPASSTE ANRUFE
Wes 5 VERPASSTE ANRU
Palmer hier.
Bill, wir haben es gerade von Steve erfahren, aber erst hat man uns vier Tage lang hingehalten.
Ich kann nicht glauben, dass du nach diesem Ausfall einfach hingeschmissen hast – nach allem, was wir erreicht haben.
Leute, das hat nichts mit euch zu tun. Steve und ich hatten einfach ein paar Meinungsverschiedenheiten, die wir nicht lösen konnten.
Na ja, wir haben es nach deinem Abgang ziemlich vergeigt.
Steve hat darauf bestanden, alle Engineers ins Büro zu beordern, einschließlich Brent.
Er sagte, er wolle »ein Gespür für die Dringlichkeit« und »alle auf dem Spielfeld und nicht auf der Bank« haben.
Offenbar waren wir nicht gut genug darin, die Leute ausreichend zu koordinieren.
Meine schlimmsten Befürchtungen werden wahr.

Jetzt funktionieren auch die Lagerverwaltungssysteme nicht mehr, und die Finanzabteilung ist stinksauer.
Und weil die ganzen Systeme down sind, kommt niemand mehr an die Daten, die nötig sind, um die verkauften Produkte, den Umsatz und die Marge zu berechnen.
Hört mal, ich bin mit meinem Sohn unterwegs, und wir sind gerade mit etwas wirklich Wichtigem beschäftigt. Ich kann nicht sehr lange sprechen.
Guck mal, Papa.
Aber ich bin sehr stolz auf alles, was wir zusammen erreicht haben. Ich bin sicher, ihr könnt diese Krise auch ohne mich meistern.
Das ist ein Haufen Mist, und das weißt du!
Wie kannst du uns in so einer Situation im Stich lassen?
Wir wollten so viele Dinge gemeinsam in Ordnung bringen, und jetzt lässt du uns hier mit dem Scherbenhaufen allein.
Sehe ich auch so. Uns jetzt im Regen stehen zu lassen, ist ziemlich mies von dir.
Tut mir leid, aber ich konnte nicht anders. Ihr schafft das schon.
Lasst euch bloß nicht von Steve oder sonst jemandem mit Mikromanagement stressen.
Leute, ich muss los. Lass uns später zu einem Bier treffen, okay?

Später zu Hause ...
Ich will jetzt nicht mit Steve sprechen.
DRINNG DRINNG
Steve
Wie war dein Tag? Die Zwillinge schlafen oben schon.
Prima. Ich bringe Grant auch direkt ins Bett. Bin gleich wieder da.
Dieser Idiot Steve hat mich heute Morgen angerufen. Ich hätte fast direkt wieder aufgelegt ...
... aber er hat mir eine lange Geschichte über eine Selbstanalyse mit einem Typ namens Erik erzählt.
Er sagte, er möchte dir einen Vorschlag machen. Ich habe versprochen, dir Bescheid zu geben.
Was?
Schau, ich weiß, dass du gekündigt hast, weil sich das für dich richtig angefühlt hat.
Aber du weißt, dass es in der Stadt nur wenige Unternehmen gibt, die so gut zahlen wie Parts Unlimited.
Versprich mir, dass du dir anhörst, was Steve zu sagen hat, und bleib unvoreingenommen, okay?
SUMM SUMM
Hallo Steve.
Ich möchte mich für mein Verhalten entschuldigen, nachdem du freundlicherweise meine Bitte akzeptiert hast, unser neuer VP of IT Operations zu werden.

Dick hielt mich für verrückt, als ich ihm sagte, dass IT direkt an mich berichten sollte.
Hör zu. Ich weiß, dass ich dir gegenüber nicht fair war, besonders als du deinen Teil der Vereinbarung erfüllt hast.
Weißt du, Erik und das gesamte Audit-Komitee haben mir ordentlich Feuer unterm Hintern gemacht.
Kurz gesagt, ich möchte, dass du deine Arbeit als VP of IT Operations ab sofort wieder aufnimmst.
Vielleicht können wir gemeinsam herausfinden, was beim Management der IT hier bei Parts Unlimited wirklich schiefläuft.
Ich bin überzeugt davon, dass IT eine Kompetenz ist, die wir hier entwickeln müssen.
Alles, worum ich bitte, ist, **90 Tage** mit mir zu verbringen und die Sache auszuprobieren.
Wenn du danach immer noch die Reißleine ziehen willst, dann mach es – mit einer Einjahresabfindung.
Du hast dir im letzten Monat viel Mühe damit gegeben – deine Worte –, ein kompletter Vollidiot zu sein.
Warum sollte ich dir jetzt vertrauen?
45 Minuten später ...
Und? Was ist passiert?
Ich bin wieder an Bord.

KAPITEL 18 DIENSTAG, 23. SEPTEMBER

Zunächst einmal danke, dass ihr alle so früh gekommen seid. Ich weiß, dass ihr und eure Teams unglaublich hart gearbeitet habt.
Ha! Das ist wohl die größte Untertreibung des Jahrhunderts.
Ich weiß, dass die letzten Wochen sehr schwer waren. Inzwischen ist mir klar, wie viel Verantwortung ich für all das trage.
Und nicht nur für das Phoenix-Desaster, sondern für alles, was zu den Audit-Problemen und den Schwierigkeiten mit den Auditoren geführt hat ...
... auch für die Pannen mit den Rechnungen und der Lagerverwaltung in den vergangenen zwei Tagen.
Bricht er gleich in Tränen aus? Das ist eine Seite von Steve, die wir nicht alle Tage sehen.
Was zum Henker ist mit ihm passiert, seit ich gekündigt habe?
Erik hat mir die Beziehung zwischen CEO und CIO als dysfunktionale Ehe beschrieben.
Beide Seiten fühlen sich machtlos und von der anderen Seite als Geisel genommen.

Ich habe im letzten Monat zwei Dinge gelernt. Das eine ist, dass IT wichtig ist.
IT ist an jeder größeren Aktion des Unternehmens beteiligt. Sie ist an fast jedem Teil unserer täglichen Abläufe beteiligt.
Mir ist darüber hinaus klar geworden, dass für den Erfolg des Unternehmens im Moment nichts wichtiger ist als die Leistung dieses Führungsteams.
Außerdem habe ich einsehen müssen, dass meine Aktionen fast alle IT-Probleme noch verschlimmert haben.
Ich habe Chris' und Bills Anfragen nach mehr Budget abgelehnt, ebenso Bills Bitte, Phoenix mehr Zeit zu geben ...
... und ich habe die Dinge per Mikromanagement gesteuert, als sie nicht die gewünschten Ergebnisse brachten.
Und die Person, der ich am meisten Unrecht getan habe, ist Bill. Er hat mir Dinge gesagt, die ich nicht hören wollte, und ich habe ihn abblitzen lassen.
Im Rückblick hatte er vollkommen recht, und ich lag komplett daneben. Das, Bill, tut mir sehr leid.

Alles Schnee von gestern.
Wie gesagt: »Entschuldigung nicht erwartet, aber angenommen.«
Vielen Dank dafür.
Vor uns liegen zwei riesige Herausforderungen. Dafür brauchen wir ein außergewöhnliches Team, das sein Bestes gibt. Uns fehlt aber noch das nötige Vertrauen.
Seid ihr bereit, alles zu geben, um ein Team zu schaffen, in dem wir uns alle gegenseitig vertrauen können?
Ich bin dabei. In einem kaputten Team zu arbeiten, ist Mist. Wenn ihr alle mithelft, die Sache in Ordnung zu bringen, bin ich auf jeden Fall einverstanden.
Ja, ich bin dabei.
Ich denke, ich mache auch mit.
Okay, ich bin an Bord.
Was habe ich mir da angetan?

KAPITEL 19 DIENSTAG, 23. SEPTEMBER

Wenn man sich die Metriken ansieht, hat mein Team fast jedes größere Projekt rechtzeitig abgeliefert.
Ja, genau wie beim Projekt Phoenix, oder? Das war ja ein echter Erfolg. Ha!
Das meine ich nicht.
Das Projekt war ein vollkommenes Desaster ... aber **technisch gesehen**, haben wir den Termin eingehalten.
Wenn das stimmt, ist unsere Definition eines »abgeschlossenen Projekts« vollkommen falsch.
Ist »Chris hat den Termin eingehalten« wirklich ein Erfolg?
Wenn das Geschäftsziel darin besteht, dass Phoenix im Produktivbetrieb läuft, ohne das gesamte Geschäft abzufackeln, sollten wir es als kompletten Fehlschlag bezeichnen.
Lassen wir die Sticheleien. Ich habe Sarah bereits mitgeteilt, dass Phoenix eines der am schlechtesten ausgeführten Projekte der Firmengeschichte war.
Aber wie können wir »Erfolg« besser definieren?
Keine Ahnung. Aber dies ist ein wiederkehrendes Muster. Chris' Gruppe bedenkt einfach nicht, wie viel Arbeit IT Operations leisten muss.
Genau das versuchen wir ja gerade zu ändern.
Zum Teil liegt das an Planungs- und Architekturproblemen, die du und ich beheben wollen.
Aber du unterschätzt, was für einen Flaschenhals deine Gruppe darstellt.
In den meisten Wochen warten fünf oder sechs Applikationen darauf, von deiner Gruppe deployt zu werden.

Das kommt einem vor wie ein Flughafen, der plötzlich schließt. Ehe man es merkt, kreist bereits ein Haufen Flugzeuge darüber, die alle landen wollen.
Ja, so etwas passiert, wenn die von dir gebauten Flugzeuge abstürzen und die Landebahn zerstören.
Schau, ich gebe dir ja nicht die Schuld. Aber wenn die Deployments nicht wie geplant ablaufen, wirkt sich das auf alle aus – egal ob der Plan von deiner oder meiner Gruppe stammt. Mehr will ich damit gar nicht sagen.
Erik hat mir geholfen, zu erkennen, dass es für IT Operations vier Arten der Arbeit gibt: Businessprojekte, IT-Operations-Projekte, Änderungen und ungeplante Arbeit.
Wir reden aber nur über die erste Art der Arbeit und die ungeplante Arbeit, die entsteht, wenn etwas schiefgeht.
Das ist aber nur die Hälfte der Arbeit, die IT Operations leisten muss.
Neben 35 Businessprojekten müssen wir uns auch noch um 75 OPs-Projekte und um ein Backlog kümmern, in dem Tausende von Änderungen auf ihre Umsetzung warten.
Dabei wächst die ungeplante Arbeit immer weiter, hauptsächlich, weil instabile Apps wie Phoenix immer wieder kaputtgehen. Und dabei haben wir die Ergebnisse des Audit-Berichts noch nicht einmal mitgezählt, die laut Steve ebenfalls höchste Priorität haben.
He, wo ist eigentlich John? Sollte er nicht auch dabei sein, wenn wir schon über Compliance reden? Er gehört doch auch zum IT-Leadership-Team, oder?

Verdammt! Ich habe vergessen, ihn einzuladen.
Bill hat recht. Wir brauchen ihn hier.
Machen wir eine Viertelstunde Pause. Ich bitte Stacy, ihn aufzutreiben.
Zehn Minuten später ...
Stacy sagte, du suchst mich? Habe ich was verpasst, oder hat man mich wieder einmal nicht eingeladen?
Gut, dass du da bist. Bitte setz dich.
Also, machen wir weiter.
John, tut mir leid, dass ich dich nicht eingeladen habe. Das ist ganz allein meine Schuld.
Ich habe euch hier versammelt, um eine Lösung für die Probleme zu finden, die wir mit Projekten, mit operativer Stabilität und mit Compliance haben.
Bill, bitte fahre fort.
Als du vorhin das Wort **Zusagen** erwähntest, hat mich das an etwas erinnert, das Erik mich gefragt hat.
Er fragte, auf welcher Basis wir entscheiden, ob wir ein neues Projekt annehmen können. Als ich sagte, ich wüsste es nicht, nahm er mich auf eine weitere Tour zur MRP-8-Fertigungshalle mit.

Er brachte mich zu Allie, der Manufactu- ring-Resource-Plan- ning-Koordinatorin. Er fragte sie, nach wel- chen Kriterien sie neue Aufträge annimmt.
Sie sagte, dass sie zuerst auf die Stückliste und die beteiligten Arbeitsstatio- nen schaut. Danach über- prüft sie die Auslastung der Arbeitsstationen und entscheidet dann, ob die Bestellung ein Risiko für bereits getroffenen Zusa- gen darstellt.
Dann fragte Erik mich, wie wir diese Art von Entscheidungen in der IT treffen. Daraufhin sagte ich ihm das Gleiche, das ich jetzt hier sage: Ich weiß es nicht.
Ich bin ziemlich sicher, dass wir un- sere Kapazitäten und Anforderun- gen überhaupt nicht prüfen, bevor wir neue Aufträge annehmen.

Dadurch kommen wir dauernd ins Stolpern und müssen Abkürzungen nehmen, was dazu führt, dass immer mehr instabile Applikationen im Pro- duktivbetrieb landen.
Und das bedeutet für die Zukunft immer mehr ungeplante Arbeit und Brände löschen. Wir drehen uns ständig im Kreis.

Bill, du hast gerade beschrie- ben, wie durch Abkürzungen immer mehr »technische Schul- den« entstehen, die – wie finanzielle Schulden – mit der Zeit immer weiter wachsen.
Kümmert sich eine Orga- nisation nicht darum, be- steht die Gefahr, dass sie durch »Zinszahlungen« in Form von ungeplanter Arbeit überwältigt wird.

Ungeplante Arbeit ist nicht umsonst. Sie ist im Gegenteil sogar sehr teuer, denn ungeplante Arbeit geht auf Kosten von ...
... geplanter Arbeit?
Ganz genau!
Bill hat die vier Arten der Arbeit genannt. Wenn man sie ignoriert, sorgen technische Schulden dafür, dass am Ende nur noch ungeplante Arbeit erledigt wird.
Das kommt mir sehr bekannt vor.
Dabei hat ungeplante Arbeit noch eine Nebenwirkung. Wenn man ständig Feuer löschen muss, bleibt kaum noch Zeit, neue Arbeit zu planen und auszuwerten.
Das führt zu einem Übermaß an Zusagen, mehr Multitasking und noch mehr Abkürzungen. Das Ergebnis ist ein Teufelskreis aus Eskalationen und ungeplanter Arbeit. Das ist die Todesspirale der IT-Kapazität.
Steve, können wir Arbeit ablehnen? Bisher hast du immer überreagiert, wenn ich eine Priorisierung vorgeschlagen habe. Aber wenn »Nein« keine Option ist, sind wir dazu verdammt, nur noch Anweisungen entgegenzunehmen.
Natürlich kannst du Nein sagen! Du musst es sogar!
Wir können es uns nicht leisten, dass dieses Führungsteam nur aus Befehls-empfängern besteht. Wir bezahlen euch fürs Denken, nicht nur fürs Tun!
Hier geht es um das Überleben unseres Unternehmens!
Wenn du oder jemand anderes weiß, dass ein Projekt scheitern wird, dann müsst ihr das sagen.
Aber dafür brauche ich Daten. Es reicht nicht, wenn ihr euch dabei auf euer Bauchgefühl beruft.

Schöne Rede, Steve. Aber du bist süchtig nach Projekten, die zum Scheitern verurteilt sind, weil du ignorierst, welche Kapazitäten wirklich verfügbar sind.
Du verhältst dich wie jemand, der Schecks platzen lässt, weil er keine Ahnung von seinem Kontostand hat und die Auszüge einfach ignoriert.
Ich will dir erzählen, wie die MRP-8-Fabrik aussah, bevor ich dort ankam.
Es gab Ordner voller absurder Bestellungen. Die Geschäftsleitung hat unerfüllbare Zusagen gemacht.
Welche Arbeit getan wurde, hing davon ab, wer am lautesten schrie, welche Nebenabsprachen es gab oder wer die oberste Führungskraft auf seiner Seite hatte.
Wir haben die Ordnung wiederhergestellt, indem wir überlegten, was unser Flaschenhals war. Den haben wir geschützt und Produktionspläne erstellt, auf die sich letztlich alle verlassen konnten.
Unsere Lieferungen kommen jetzt schnell und zuverlässig.
Um dein Problem zu lösen, musst du deutlich mehr tun, als zu lernen, wie man Nein sagt. Das ist nur die Spitze des Eisbergs.
Mehr habe ich nicht zu sagen. Solange du nicht herausfindest, was zu tun ist, gibt es für keinen von euch große Hoffnung.
Die Prioritäten kennen wir inzwischen: Phoenix und das Beheben der Probleme aus dem Audit-Bericht. Und nebenbei muss alles andere weiterlaufen.
Wir wissen, dass Brent unser Flaschenhals ist, und wir haben bereits Schritte unternommen, um ihn vor ungeplanter Arbeit zu schützen.
Ich weiß, dass ich keine neuen Mitarbeiter einstellen kann, aber ich weiß auch, dass die Arbeitsbelastung meiner Gruppe jenseits von Gut und Böse ist.

Keine Heldentat der Welt kann diese Arbeitsflut aufhalten, die das System überschwemmt. Weil niemand es schafft, Nein zu sagen.
Unsere Fehler begannen sogar schon, bevor ich an Bord kam, indem Projekte angenommen wurden und Abkürzungen in der Entwicklung erlaubt wurden.
Aber wie können wir diesen Irrsinn wieder rückgängig machen?
Steve, ich habe eine Idee.
Wir frieren sämtliche neue Arbeit ein, damit wir die technischen Schulden abtragen können.
Was?!
Heiliger Strohsack!
Nein!
Hast du etwa vollkommen den Verstand verloren?
Was glaubst du, wer wir sind? Subventionierte Kartoffelbauern, die bezahlt werden, damit sie **nichts** anbauen?
Ja, diese Krise ist unser absolutes Albtraumszenario.
Und dabei sitzt uns auch noch der Aufsichtsrat im Nacken mit dem Audit, einem Projekt, das nicht fehlschlagen darf, und einer gerade erst überstandenen Katastrophe. Wir sollten die Sicherheitskontrollen ein für allemal verschärfen!
Ich halte deinen Vorschlag für sehr klug, Bill.
John, vergiss nicht, dass es letztlich darum geht, den Durchsatz des gesamten Systems zu erhöhen und nicht nur die Zahl der erledigten Aufgaben.
Und wenn du keine vertrauenswürdigen Arbeitsstrukturen hast, warum solltest ich dann deinem System an Sicherheitsmaßnahmen trauen? Das ist vollkommene Zeitverschwendung.
Ich verstehe nicht …

Ja, diese Krise ist unser absolutes Albtraumszenario.
Um dieses System zu kontrollieren, müssen wir die Zahl der beweglichen Teile verringern.
Moment, du meinst doch nicht wirklich, das Konzept des WIP gälte auch für die IT?
Und durch das Pausieren aller Aufgaben außer Phoenix können wir die Menge an WIP in der IT abbauen und die Leistung steigern?
Ist das ernsthaft dein Vorschlag?
Ja.
Würden die meisten von uns dann nicht Däumchen drehen und nichts mehr zu tun haben?
130 Leute in IT Operations würden nur noch herumsitzen. Klingt das nicht ein wenig ... verschwenderisch?
Ich sag dir jetzt mal was über Verschwendung. Wie wäre es mit 1.000 Änderungen, die im System festhängen ohne ernsthafte Chance, sie je abzuschließen?
Das stimmt. Die Anzahl der Karten an unserem Change-Board steigt immer weiter. Das ist WIP, das gerade komplett außer Kontrolle gerät.
IT Ops und Dev sollten für neue Projekte die Pausetaste drücken und für zwei Wochen die Finger von allem lassen, was nicht mit Phoenix zu tun hat.
Wenn wir uns zwei Wochen lang nur um unser wichtigstes Projekt kümmern und es dann immer noch keine echten Fortschritte gibt, sollten wir uns neue Jobs suchen.
Ich finde, wir sollten es probieren.
Wir werden an anderen aktiven Projekten weiterarbeiten, aber wir stoppen alle Deployments außer Phoenix. Damit hätte Phoenix ohne Zweifel bei allen höchste Priorität.

Dieser Plan ist vollkommen hirnrissig.
Erstens habe ich noch nie von so etwas gehört, und zweitens könnten wir dann unsere Audit-Probleme nicht lösen.
Und vergesst nicht, dass laut Steve diese Probleme das Unternehmen auch ins Aus befördern können.
Weißt du, was dein Problem ist? Dir fehlt der Blick auf das Business als Ganzes. Ich garantiere dir: Viele deiner geplanten Kontrollen sind gar nicht nötig.
John, ich verstehe deine Sicherheitsbedenken, aber unser Überleben ist jetzt wichtiger als die Audit-Ergebnisse.
Wir brauchen Phoenix, um konkurrenzfähig zu bleiben.
Probieren wir es mit einem Projekt-Freeze und sehen wir, ob **das** Phoenix den nötigen Schub verleiht. Falls nicht, bekommt das Audit wieder mehr Aufmerksamkeit, einverstanden?
Okay.
Steve, damit das klappt, brauchen wir deine Hilfe. Ständig drängen die Manager meine Leute dazu, an deren Lieblingsprojekten zu arbeiten.
Ich glaube, wir brauchen eine E-Mail ans gesamte Unternehmen, die nicht nur erklärt, warum wir das tun, sondern auch, welche Konsequenzen es hat, nicht autorisierte Aufgaben ins System einzuspeisen.
Kein Problem. Ich schicke euch allen einen Entwurf. Schaut ihn euch an, und wenn es keine Einwände gibt, schicke ich die Mail an sämtliche Manager raus.
Reicht euch das?
Ja!

Eine Stunde später ...
Erstaunlich, was wir geschafft haben! Wir werden die Arbeit also für zwei Wochen einfrieren.
Wir werden die Bereiche mit den wichtigsten technischen Schulden identifizieren, um die sich Development kümmert, damit es weniger ungeplante Arbeit gibt.
Das könnte einen großen Unterschied für die Arbeitsbelastung des Teams bedeuten.
Chris und Kirsten nehmen sich alle Phoenix-Tasks vor, die nicht funktionieren. Sie besorgen sich die Ressourcen von anderen Projekten, um sie wieder ans Laufen zu bekommen.
Ich danke euch allen dafür, dass ihr heute so gut mitgedacht habt. Auch wenn mir Bills Idee mit dem Projekt-Freeze immer noch verrückt vorkommt, glaube ich inzwischen, sie könnte funktionieren.
Wie gesagt, es geht mir auch darum, ein Team zu schaffen, in dem wir einander vertrauen können. Hoffentlich sind wir einen kleinen Schritt in die richtige Richtung gegangen ...
Ich möchte euch ermuntern, untereinander weiterhin ehrliche und wahrheitsgemäße Kommunikation einzufordern.
Braucht ihr in der Zwischenzeit noch etwas von mir?
Nein.
Nein.
Nein.
Nein.
Sitzung geschlossen!

KAPITEL 20 FREITAG, 26. SEPTEMBER

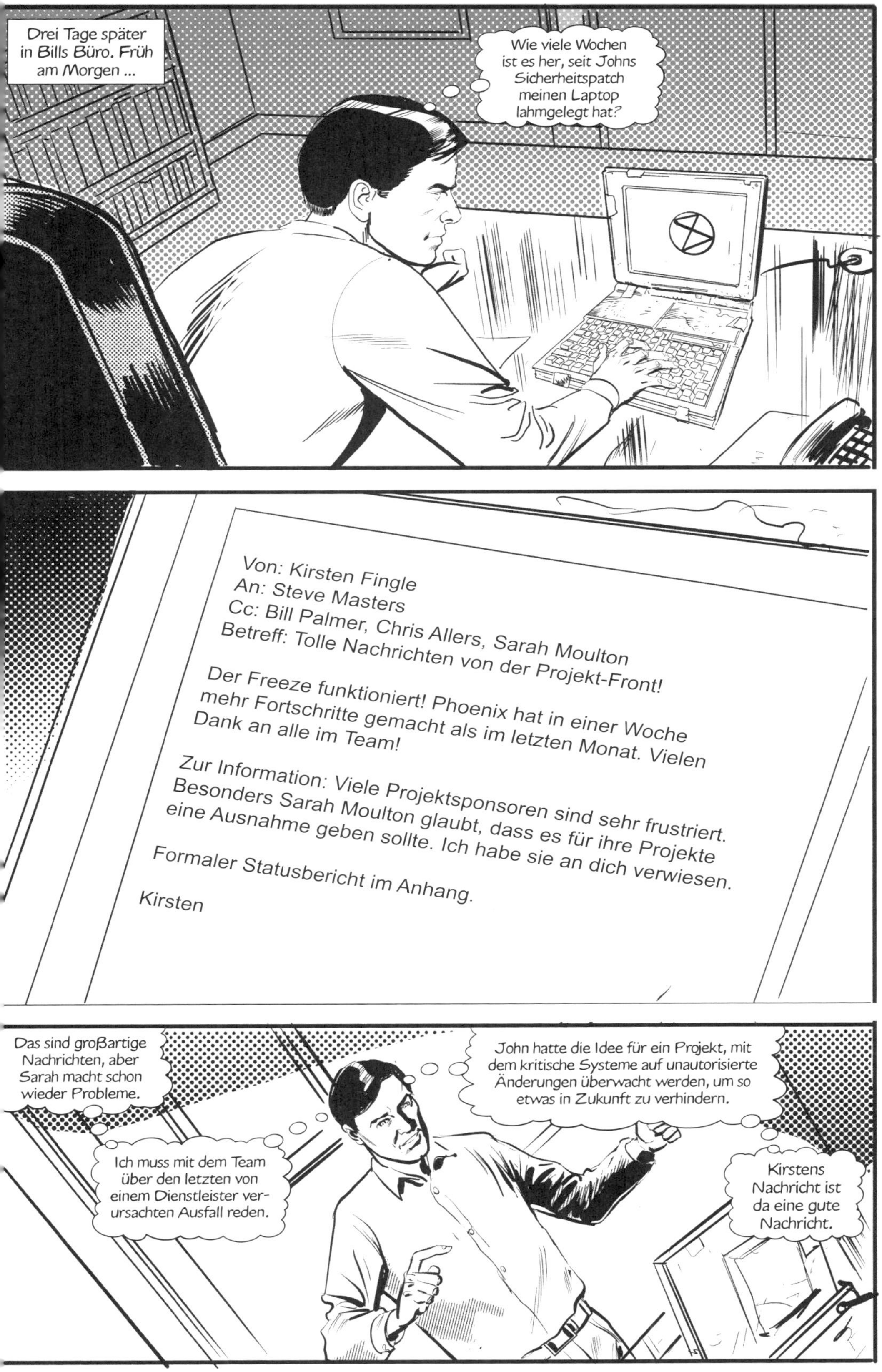

Kurz darauf im NOC ...
Tja, damit ist es offiziell. Dein Projekt-Freeze funktioniert tatsächlich.
Hast du das bezweifelt? Komm schon. Wir haben beide bemerkt, dass unsere Leute noch nie so konzentriert gearbeitet haben.
Es ist erstaunlich, wie wenig Prioritätskonflikte und schlechtes Multitasking es plötzlich gibt. Das hat die Produktivität deutlich verbessert.
Schön, dass Kirsten uns gelobt hat, bisher fand das alles eher in unseren Köpfen statt.
Dass VPs fordern, ihre Lieblingsprojekte vom Freeze auszunehmen, hat sie übrigens ernst gemeint.
Dabei ist Sarah am lautesten. Aber sie ist nicht allein, und es wird langsam heftig.
Okay, das gehört zu unserem Job, und wir haben es erwartet. Aber ich will nicht, dass unsere Mitarbeitenden diesen Druck abbekommen. Wes?
Ich habe alle in meinem Team angewiesen, Beschwerden an mich weiterzuleiten. Und glaube mir – ich rufe jede und jeden dieser Typen persönlich an und verpasse ihnen einen Einlauf.
Ich mache mir jetzt schon Sorgen, was wir tun, wenn der Freeze wieder aufgehoben ist. Brechen dann nicht alle Dämme?
Und wieder einmal legt Patty ihren Finger genau in die Wunde.
Ich treffe mich später mit Erik und werde ihn danach fragen.
Aber vorher habe ich selbst noch eine Frage. Wie priorisieren wir aktuell unsere Arbeit? Was passiert, wenn es einen Prioritätenkonflikt gibt?

Wenn wir zusagen, an etwas zu arbeiten – sei es ein Projekt, eine Änderung, ein Service Request oder sonst irgendwas –, wie wird dann entschieden, was Vorrang hat?
Na ja, wir vertrauen darauf, dass unsere Leute auf Basis der verfügbaren Daten die richtigen Entscheidungen treffen. Deshalb stellen wir ja kluge Köpfe ein.
Das ist nicht gut.
Auf Basis welcher Daten treffen unsere »klugen Köpfe« ihre Priorisierungsentscheidungen genau?
Wir versuchen, all die konkurrierenden Prioritäten so gut es geht unter einen Hut zu bekommen.
So ist das Leben halt, oder? Prioritäten ändern sich.
Seien wir ehrlich. Die höchste Priorität bekommt, wer am lautesten schreit. Am Ende gewinnt, wer zum wichtigsten Manager eskalieren kann.
Wenn das stimmt, haben wir keine Möglichkeit, den Projekt-Freeze jemals wieder aufzuheben.
Aktuell können wir nicht darauf vertrauen, dass Aufträge an den IT-Bereich auch korrekt priorisiert und durchgeführt werden.
Patty hat recht. Bevor der Projekt-Freeze endet, was übrigens in genau einer Woche der Fall ist, haben wir noch viel zu lernen.

Später am selben Tag ...
Also, sag mir, was du siehst.
Das Gleiche wie letztes Mal.
Das Rohmaterial kommt an der linken Laderampe an, und die fertigen Waren verlassen die Halle über die Laderampe auf der anderen Seite.
Gut. Und dazwischen?
Das WIP bewegt sich von einer Arbeitsstation zur nächsten. Der Fluss wird bestimmt durch die Stückliste und den Arbeitsplan. All das steht im Arbeitsauftrag, der am Schreibtisch dort drüben freigegeben wurde.
Kannst du sagen, welche Arbeitsstationen die größten Engpässe für die Fabrik sind?
Die Härtungsöfen und die Trockenkabinen.
Gut. Der Schlüssel zum Erreichen des **Ersten Wegs** ist das Verständnis des Arbeitsflusses.
Und jetzt sage mir noch einmal, welche Arbeitsstationen du als Engpässe in deiner Abteilung erkannt hast.
Brent. Darüber haben wir doch schon gesprochen.
Plötzlich ist Brent also ein automatischer Härtungsofen? Das ist wohl das Dümmste, was ich je gehört habe.
O ja, der Härtungsofen ist eine Arbeitsstation. Brent ist ein Arbeiter und keine Arbeitsstation.
Ich wette, Brent muss sich um **zu viele Arbeitsstationen** kümmern. Deshalb ist er ein Engpass.

Jetzt kommen wir weiter.
Stell dir vor, 25 % der Arbeitsstationen da unten könnten nur von einer Person namens Brent bedient werden. Was würde das wohl mit dem Arbeitsfluss machen?
Die Arbeit würde nicht rechtzeitig fertig werden. Brent kann nur eine Station auf einmal bedienen. Genau das passiert bei uns.
Viele unserer geplanten Änderungen können gar nicht erst begonnen werden. Ständig muss er alles stehen und liegen lassen, um sich um eine andere Arbeitsstation zu kümmern. Und noch schlimmer ist, dass er fast immer unterbrochen wird, bevor er damit fertig ist.
Ganz genau!
Offensichtlich besteht jede Arbeitsstation aus vier Dingen: der **Maschine**, dem **Menschen**, der **Methode** und der **Messung**.
Nehmen wir für die Maschine zum Beispiel den Härtungsofen.
Es werden zwei Leute gebraucht, um die vordefinierten Arbeitsschritte durchzuführen, und die Messung muss offensichtlich auf dem Ergebnis dieser Schritte der Methode basieren.
Dieser Produktionsjargon kommt mir aus meiner MBA-Zeit irgendwie bekannt vor. Aber ich hätte nie gedacht, dass sie auch für den IT-Bereich gelten könnte.
Natürlich hängt in dieser Fertigungshalle nicht ein Viertel aller Arbeitsstationen von nur einer Person ab. Das wäre absurd.
Leider ist das bei dir aber trotzdem der Fall.
Und genau deshalb kommt auch alle Arbeit zum Erliegen, wenn Brent mal Urlaub hat. Denn nur Brent weiß, wie bestimmte Schritte durchgeführt werden – Schritte, von deren Existenz außer Brent vermutlich niemand etwas weiß.

Du hast recht. Meine Manager haben sich mal darüber beschwert, dass alles komplett den Bach runterginge, sollte Brent irgendwann mal von einem Bus überfahren werden.
Genau deshalb habe ich den Level-3-Eskalationspool eingerichtet.
Gut. Du standardisierst und dokumentierst Brents Arbeit, damit andere Mitarbeitende sie ausführen können. Und du kannst einen gewissen Grad an Konsistenz und Qualität durchsetzen.
Du verringerst nicht nur die Zahl der Arbeitsstationen, für die Brent gebraucht wird, du schaffst auch eine Dokumentation, die es dir ermöglicht, einige Arbeitsschritte zu automatisieren.
Dabei spielt es allerdings keine Rolle, wie viele Brents du einstellst. Er wird so lange dein Engpass bleiben, bis du das auch umsetzt. Bis dahin stehen alle neuen Mitarbeiter nur herum.
Ich habe noch eine Frage an dich. Wie können wir den Projekt-Freeze auf sichere Weise wieder aufheben?
Dein Problem ist, dass du immer wieder zwei Dinge durcheinanderbringst. Solange du sie in deinem Kopf nicht trennen kannst, rennst du weiter im Kreis herum.

Siehst du die Arbeitsstation da drüben? Die mit dem gelben Blinklicht?
NCC 1701
Das ist vermutlich eine computergesteuerte Schleifmaschine, und das Wartungsteam arbeitet daran, sie wieder zum Laufen zu bringen.
Was würde wohl passieren, wenn jede Maschine da unten nur von Brent repariert werden kann?
Jeder Ausfall würde direkt bei Brent landen.

Ja. Beginnen wir mit den Projekten, die sicher freigegeben werden können, wenn der Freeze aufgehoben wird.
Hier ein Tipp: Ein paar Aufgaben durchlaufen Arbeitsstationen, an denen Brent beteiligt ist, und andere nicht.
Ah! Die Projektkandidaten, an denen Brent nicht beteiligt ist, können sicher freigegeben werden.
Bingo! Ziemlich einfach, was?
Das ist, als würdest du eine Art IT-Operations-Stückliste erstellen, nur dass statt der Hardware die Anforderungen aufgelistet werden, also Laptop-Spezifikationen, Benutzerinfos, Softwarelizenzen, Konfigurationen, Versionen, Sicherheitsanforderungen und so weiter.
Ebenfalls dazu gehören Arbeitsstationen und ein Arbeitsplan. Zusammen mit den Arbeitsaufträgen und deinen Ressourcen bekommst du endlich auch einen Überblick über deine Kapazitäten und Anforderungen.
Du wirst wissen, wann du neue Aufträge annehmen kannst und wie die Zeitplanung aussehen muss.
Erstaunlich. Ich glaube, ich habe es fast verstanden.
Und jetzt zu deinem Monitoring-Projekt. Hierfür wird Brent nicht gebraucht, und es wird für weniger Ausfälle sorgen.
Und sollte es zu Ausfällen kommen, brauchst du weniger von Brents Zeit, um sie zu beheben.
Du hast den Engpass erkannt, ihn ausgelastet und seine Arbeitsbelastung beschränkt.
Wie wichtig ist das Monitoring-Projekt genau?

Wir müssen immer wieder versuchen, den Engpass so gut es geht auszulasten. Das heißt, ich muss so viel wie möglich aus Brent herausholen.
Genau. Das saubere Durchführen von vorbeugender Arbeit ist der Kern von Programmen wie **Total Productivity Maintenance**, das von der Lean Community übernommen wurde.
TPM besteht darauf, die Verfügbarkeit von Maschinen durch verbesserte Wartung sicherzustellen. Der Dritte Weg beinhaltet beständiges Experimentieren und Lernen. Es geht darum, gute Gewohnheiten zu festigen und zu verbessern.
Und genau das ist das Ziel des Monitorings.
Und damit ist es vermutlich unser wichtigstes Verbesserungsprojekt. Wir müssten sofort damit anfangen.
Beim **Resilience Engineering** lernen wir, beständig Fehler ins System einzuspeisen, damit es widerstandsfähiger wird.
Sensei Mike Rother sagt, dass es fast keine Rolle spielt, was du verbesserst, solange du etwas verbesserst.
Ohne Verbesserung sorgt die Entropie dafür, dass du schlechter wirst. Er nennt das **Improvement Kata**. Wiederholung fördert Gewohnheiten, die eine Meisterschaft erst möglich machen.
Das gilt für den Sport genauso wie für Musik oder Spezialkräfte. Übung ist der Schlüssel zur Meisterschaft. Kurzes tägliches Training ist besser als lange wöchentliche Sessions.
Um eine Kultur der Verbesserung zu schaffen, musst du diese Gewohnheiten verinnerlichen.

Bevor wir gehen, solltest du dir noch einmal die Bereiche **zwischen** den Arbeitsstationen ansehen. Die Übergaben sind genauso wichtig wie die kontrollierte Freigabe von Aufträgen.
Die Wartezeit einer beliebigen Ressource ist der Prozentwert, den die Ressource belegt ist, geteilt durch den Prozentwert, den die Ressource nichts tut. Wenn eine Ressource also zu 50 % belegt ist, beträgt die Wartezeit 50/50 oder 1 Einheit.
Wenn die Ressource zu 90 % belegt ist, beträgt die Wartezeit 90/10, also neunmal länger. Und wenn die Ressource zu 99 % belegt ist?
Neunundneunzig zu eins.
Richtig. Wenn eine Ressource zu 99 % in Gebrauch ist, musst du 99-mal länger warten, als wenn sie zu 50 % ausgelastet ist.
Der Zweite Weg ist **Feedback**. Ein wichtiger Teil besteht darin, Wartezeiten sichtbar zu machen. So kannst du erkennen, wann deine Arbeit in einer Warteschleife festhängt oder sich sogar rückwärts bewegt, weil Teile fehlen oder etwas überarbeitet werden muss.
VISITOR
Denke daran, dass unser Ziel darin besteht, den Durchfluss zu maximieren. Früher kamen die Bauteile hier in MRP-8 nie rechtzeitig bei den Fertigungsstraßen an.
Als wir die Teile zurückverfolgten, stellten wir fest, dass sie meistens in irgendwelchen Warteschlangen festhingen.
Die »Bearbeitungszeit« machte nur einen Bruchteil der »gesamten Verarbeitungszeit« aus. Unsere Disponenten mussten sich durch Berge von Arbeit graben, um die nötigen Teile zu finden und durch die Arbeitsstationen zu schleusen.
Genau das passiert auch in deiner Fabrik. Also halte die Augen offen.

Ich hadere immer noch damit, das Monitoring-Projekt anzustoßen. Wo passen da all die Audit- und Sicherheitsprojekte rein, die John so lautstark fordert?
Hast du in den letzten zwei Wochen auch nur ein Wort von dem verstanden, was ich gesagt habe? Ich muss los.
Warte. Willst du sagen, dass die Audit-Probleme nicht wichtig genug sind, um sie zu bearbeiten?
Das habe ich nie gesagt.
Du willst etwas unterlassen, wodurch die Fähigkeit des Unternehmens, sich an wichtige Gesetze und vertragliche Vereinbarungen zu halten, gefährdet wird?
Besser nicht – oder du wirst gefeuert.
Okay. Diese »Sicherheitsprojekte« verschlechtern den Durchsatz deiner Projekte. Und das ist ein Engpass für das gesamte Geschäft.
Und sie verschlingen die am stärksten beschränkte Ressource deiner Organisation.
Und dabei tun sie nichts für die Skalierbarkeit, Verfügbarkeit, Überlebensfähigkeit, Sicherheit, Wartbarkeit oder den Schutz der Organisation.
So, du Genie: Klingen Johns Projekte für dich nach gut genutzter Zeit?
Das war anscheinend eine rhetorische Frage.

KAPITEL 21 FREITAG, 26. SEPTEMBER

Die Agenda für dieses Meeting sieht vor, dass wir über die beiden kritischen und die 16 mittelschweren Schwachstellen sprechen.
Offen gesagt glaube ich, wir sind im Eimer.

Fünf Stunden später ...
Nach diesen neuen Daten scheinen die IT-Sicherheitsmaßnahmen für die beiden kritischen Schwachstellen tatsächlich nicht mehr zu passen und können daher leicht behoben werden.
Wir werden das in unsere Überlegungen einfließen lassen und Ihnen in den nächsten Tagen etwas zukommen lassen.
Irgendwie sind wir gerade noch davongekommen.
John, Wes und ich haben fünf Stunden hier gesessen und den Managern zugehört, wie sie mit den Auditoren über die Kontrollen stritten.
Gott sei Dank haben die Auditoren noch eingeräumt, dass sie sich auf die Finanzkontrollen und nicht auf die IT-Kontrollen gestützt haben. Wusste Erik das?
Können wir kurz miteinander reden?
Oh, oh ...
John, ist alles in Ordnung mit dir? Du siehst gar nicht gut aus.
Weißt du, wie viel politisches Kapital ich in den vergangenen zwei Jahren investiert habe, nur um alle dazu zu bringen, das Richtige zu tun?
Ich habe ihnen gesagt, wie schlecht es wäre, wenn sie sich mit Lippenbekenntnissen begnügen würden, statt einige der systemischen IT-Probleme zu lösen.

Weißt du, manchmal denke ich, ich bin der Einzige im ganzen Unternehmen, dem die Sicherheit unserer Systeme und Daten wirklich wichtig ist.
Wusstest du, dass die Development-Abteilung sämtliche Aktivitäten vor mir versteckt? Ich musste sie regelrecht anbetteln, damit sie mir ihren Treffpunkt verraten.
Ich versuche doch nur, ihnen bei der Arbeit zu helfen.
Jetzt sieh mich nicht so an.
Ich weiß, dass du meine E-Mails nicht liest. Und selbst wenn du sie öffnest, muss ich dich anrufen. Ich bekomme die Lesebestätigungen, während wir telefonieren. Du Mistkerl!
Ah.
Aber seit ich hier bin, kämpfe ich gegen die Unternehmensbürokratie und die Geschäftsleitung, obwohl ich versuche, sie vor sich selbst zu schützen.
Unsere Auditoren sollten wegen Inkompetenz vor Gericht stehen! Sie hätten uns für unsere Sünden bestrafen und uns auf den rechten Pfad zurückführen sollen!
Es ist den Leuten egal, dass wir in einer Klärgrube aus Risiken leben.
Weißt du, was dein Problem ist, John?
Du benimmst dich wie ein Politkommissar, der durch die Fabrikhalle läuft und vor den Arbeitern mit seinem Abzeichen angibt …
… und der dabei seine Nase in die Angelegenheiten anderer Leute steckt und sie so lange einschüchtert, bis sie tun, was er will. Und das alles nur, um dein mickriges Selbstwertgefühl zu steigern.
Die Hälfte der Zeit machst du mehr kaputt, als du reparierst. Nein, noch schlimmer: Du bringst die Arbeitspläne all derer durcheinander, die die wichtige Arbeit tun.
Wow. Jetzt geht Erik aber richtig ab.

Für wen hältst du dich? Ich versuche, diese Firma sicher zu machen und uns die Auditoren vom Hals zu halten! Ich ...
Ja, vielen Dank auch, Mister CISO. Wie du gerade gesehen hast, kann das Unternehmen sich die Auditoren auch ohne deine »Hilfe« vom Leib halten.
Du bist wie der Klempner, der gar nicht merkt, dass er gerade ein Flugzeug steuert. Dabei kennst du nicht einmal die Route oder weißt, wie das Geschäft der Fluggesellschaft funktioniert.
Solange du mir nicht beweist, dass du verstehst, was in diesem Raum gerade passiert ist, habe ich dir nichts mehr zu sagen.
Die Geschäftsleitung hat es geschafft, das SOX-Audit zu retten – und zwar ohne die Hilfe deines Teams.
Du gewinnst, wenn du das Unternehmen schützt, ohne das IT-System mit nutzloser Arbeit zu fluten. Noch mehr gewinnst du, wenn du es schaffst, unsinnige Arbeit wieder aus dem IT-System zu entfernen.
Bis du herausgefunden hast, wie und warum, lässt du die Finger vom Tagesgeschäft.
Was bildest du dir ein? Ich kann nicht glauben, dass du als zukünftiges Aufsichtsratsmitglied uns sagst, wir sollten unsere Kundendaten und Bilanzen einem Risiko aussetzen!
John, Parts Unlimited speichert mindestens vier Kreditkartennummern von meiner Familie in deinen Systemen. Du musst diese Daten schützen.
Willst du einen Tipp? Gehe zur MRP-8-Fertigungshalle und sprich mit der Sicherheitsverantwortlichen. Finde heraus, was sie zu erreichen versucht und wie sie das macht.

Was zur Hölle ...?
Nimm's nicht persönlich. Mir hat er ähnliche Dinge gesagt.
Ich bin erschöpft und gehe nach Hause. Vielleicht ist es das Beste, wenn du das auch tust.
Das werde ich. Nach Hause gehen.
Ich weiß nicht, ob ich Montag wieder da bin – oder ob ich überhaupt wiederkomme. Warum auch?
RUMS
Ein Haiku?
Ich hier, Hände gefesselt,
Raum WÜTEND, Ich
könnte helfen
WÜSSTEN sie es nur

KAPITEL 22 MONTAG, 29. SEPTEMBER

Moment mal, Leute.
Erstens ist unsere Arbeit nicht repetitiv, und zweitens erfordert sie eine Menge Wissen – anders als bei denjenigen, die einfach ein paar Teile zusammenschrauben.
Letzte Woche hätte ich dir noch zugestimmt. Aber dann habe ich eine der finalen Arbeitsstationen in der Fertigungshalle gesehen ...
Die haben sich wirklich meinen Respekt verdient. Ohne sie wären wir jetzt alle unsere Jobs los.
Wir sollten so schnell wie möglich mit dem Monitoring-Projekt loslegen. Je früher wir anfangen, desto eher können wir die Vorteile nutzen.
Wir müssen unsere Leute so schützen, als seien sie alle Brent. Also an die Arbeit.
Da ist noch was. Ich denke über die drei Fertigungsstrecken nach, die wir nutzen wollen.
Ich würde gern ein paar dieser Konzepte mit den eintreffenden Service Requests ausprobieren, zum Beispiel Accounts erzeugen/ändern/löschen, Passwörter zurücksetzen und – na ja ...
...das Ersetzen von Laptops.
Oh Mann ... ich kann nicht glauben, dass wir dir immer noch kein Ersatzgerät beschafft haben.

Am folgenden Montag im Change Coordination Room ...
Das ist ein **Kanban-Board**.
AUFGABENTYP
BEREIT
IN ARBEIT
FERTIG!
ARBEITSPLATZ VERLEGEN
ACCOUNT ANLEGEN/ ÄNDERN/LÖSCHEN
NEUER DESKTOP-/ LAPTOP-RECHNER
PASSWORT ZURÜCKSETZEN
Nach unserem letzten Meeting habe ich MRP-8 selbst einen Besuch abgestattet. Ich war so neugierig auf den Vergleich mit den Arbeitsstationen, dass ich es selbst sehen musste. Sie haben mir ihr Kanban gezeigt.
Ich habe damit experimentiert, unsere Schlüsselressourcen in Kanbans zu organisieren. Alles, an dem gearbeitet wird, muss das Kanban durchlaufen, nicht per E-Mail, Instant Message, Telefon oder sonst was.
Wenn es nicht auf dem Kanban-Board zu finden ist, wird es nicht erledigt. Aber noch wichtiger: **Wenn** es auf dem Board ist, **wird** es erledigt – und zwar schnell.
Du wärst erstaunt, wie schnell die Arbeit durch die Beschränkung des WIP erledigt wird. Ich glaube, wir können die Bearbeitungszeiten vorhersagen und einen schnelleren Durchsatz erzielen als je zuvor.
Hmm, Patty klingt schon fast wie Erik. Das ist inspirierend, aber auch ein wenig beunruhigend.
Ich habe einige unserer meistgenutzten Service Requests genommen ...
... und genau dokumentiert, aus welchen Schritten sie bestehen und welche Ressourcen sie ausführen können. Dann habe ich gemessen, wie lang jede Aufgabe braucht.
Hier sind die Ergebnisse.
Offenbar bin ich Nummer 14 in der Warteschlange für einen neuen Laptop, der in vier Tagen hier sein sollte.
Ersatz-Laptop-Queue
DAVE EDMUNDS
PHIL OAKEY
MARTIN FRY
GLENN GREGORY
TONY HADLEY
CLAIRE GROGAN
CHARLENE SPITERI
KEVIN ROWLANDS
KATHERINE BUSH
DECLAN MCMANUS
NICHOLAS CAVE
GLENN GOULDMAN
MIKE TURRELL
BILL PALMER
DAVID JONES
GRAHAM MCPHERSON
BENNY ANDERSSON
RICHARD ASTLEY

Meine Vorarbeiter-Freundin hat mir auch von dem Improvement Kata erzählt, das sie einsetzen. Ob du es glaubst oder nicht – Erik hat ihnen vor vielen Jahren bei der Einführung geholfen.
Sie haben fortlaufende zweiwöchige Verbesserungszyklen, in denen jeweils ein kleines Plan-Do-Check-Projekt umgesetzt wird, um ihr Ziel zu erreichen.
Ich hoffe, es stört dich nicht, dass ich diese Praxis für unser Team übernommen habe, damit auch wir unsere Ziele erreichen?
Erik hat dieses Kata und den fortlaufenden Verbesserungszyklus schon erwähnt.
Und schon wieder ist Patty mir mindestens einen Schritt voraus.
Ich kann es kaum erwarten, diese Techniken auf komplexere Aufgaben anzuwenden.
AUFGABENTYP
BEREIT
IN ARBEIT
ARBEITSPLATZ VERLEGEN
ACCOUNT ANLEGEN/ ÄNDERN/LÖSCHEN
Sobald wir wissen, welche regelmäßigen Aufgaben wir am häufigsten erledigen, können wir Arbeitsstationen und Abläufe einrichten, so wie ich das für meine Service Requests gemacht habe.
Vielleicht können wir dann sogar einen Teil der Planungsboards loswerden und stattdessen Kanban-Boards benutzen.
Mach so weiter, aber denk daran, Wes einzubeziehen und ihn auf dem Laufenden zu halten, okay?
Großartige Arbeit, Patty. Das hast du wirklich gut gemacht!
Danke. Es ist spannend, so viel Neues zu lernen. Zum ersten Mal sehe ich, wie wir unsere Arbeit strukturieren sollten, und ich bin mir sicher, dass sich dadurch viel verändern wird.

Am Nachmittag ...
Eigentlich müssen wir die zwei Projekt-Queues für geschäftliche und interne Projekte miteinander kombinieren.
Mithilfe der Projektsponsoren haben wir die fünf wichtigsten Businessprojekte identifiziert.
Vier davon brauchen Brents Unterstützung. Wir schlagen vor, nur diese fünf Projekte freizugeben, wenn der Freeze aufgehoben wird.
Unglaublich, wie viel Diskussion, Wichtigtuerei, Kuhhandel und Hinterhältigkeit im Spiel war, bis diese fünf Projekte feststanden.
Und damit zum schwierigen Teil: Wir wissen immer noch nicht, wie wir unsere 75 internen Projekte priorisieren sollen.
Das sind noch deutlich zu viele. Wir haben Wochen mit den Teamleitern verbracht, um irgendeine Form von Wichtigkeitsstufen festzulegen ...
... aber heraus kamen nur endlose Diskussionen.
Patty hat recht. Wie können wir die Prioritäten objektiv festlegen?
Erik hat uns klargemacht, wie wichtig präventive Arbeit ist, zum Beispiel das Monitoring-Projekt.
Es ist mir egal, für wie wichtig jeder sein Projekt hält. Wir müssen wissen, ob es die Kapazität an unserer Engstelle erhöht. Und das ist immer noch Brent.
Solange ein Projekt nicht seine Arbeitsbelastung verringert oder anderen ermöglicht, ihn zu entlasten, sollten wir es vermutlich nicht starten.

Andererseits können wir Projekte, für die Brent nicht gebraucht wird, problemlos angehen.
Moment mal, Bill. Du hast selbst gesagt, dass präventive Arbeit wichtig ist, aber ständig verschoben wird.
Einige dieser Projekte warten schon seit Jahren auf ihre Umsetzung! Dies ist unsere Chance, aufzuholen.
Hast du nicht gehört, was Erik zu Bill gesagt hat? Alle Verbesserungsversuche, die nicht auf den Engpass abzielen, sind Illusion.
Nicht böse gemeint, aber du klingst gerade ein wenig wie John.
Autsch. Das hat gesessen. Ich versuche doch nur, das Richtige zu tun ...
Oh Mist! Schon wieder ...
Wie es John wohl geht? Soweit ich weiß, hat ihn heute noch niemand gesehen.

Zwei Tage später ...
Heilige Scheiße.
Kaum zu glauben, wie schnell er ist.
Ich liebe den neuen Laptop. Ich hab ihn sogar zwei Tage früher bekommen. Alle, die vor mir in der Warteschlange waren, haben auch ihr Gerät bekommen, oder?
Ja, jeder Einzelne. In den letzten zwei Tagen haben wir zu hundert Prozent korrekte Systeme ausgeliefert.
Tolle Arbeit, Patty! Mach den Zeitplan jetzt öffentlich. Ich will ein bisschen angeben!

KAPITEL 23 DIENSTAG, 7. OKTOBER

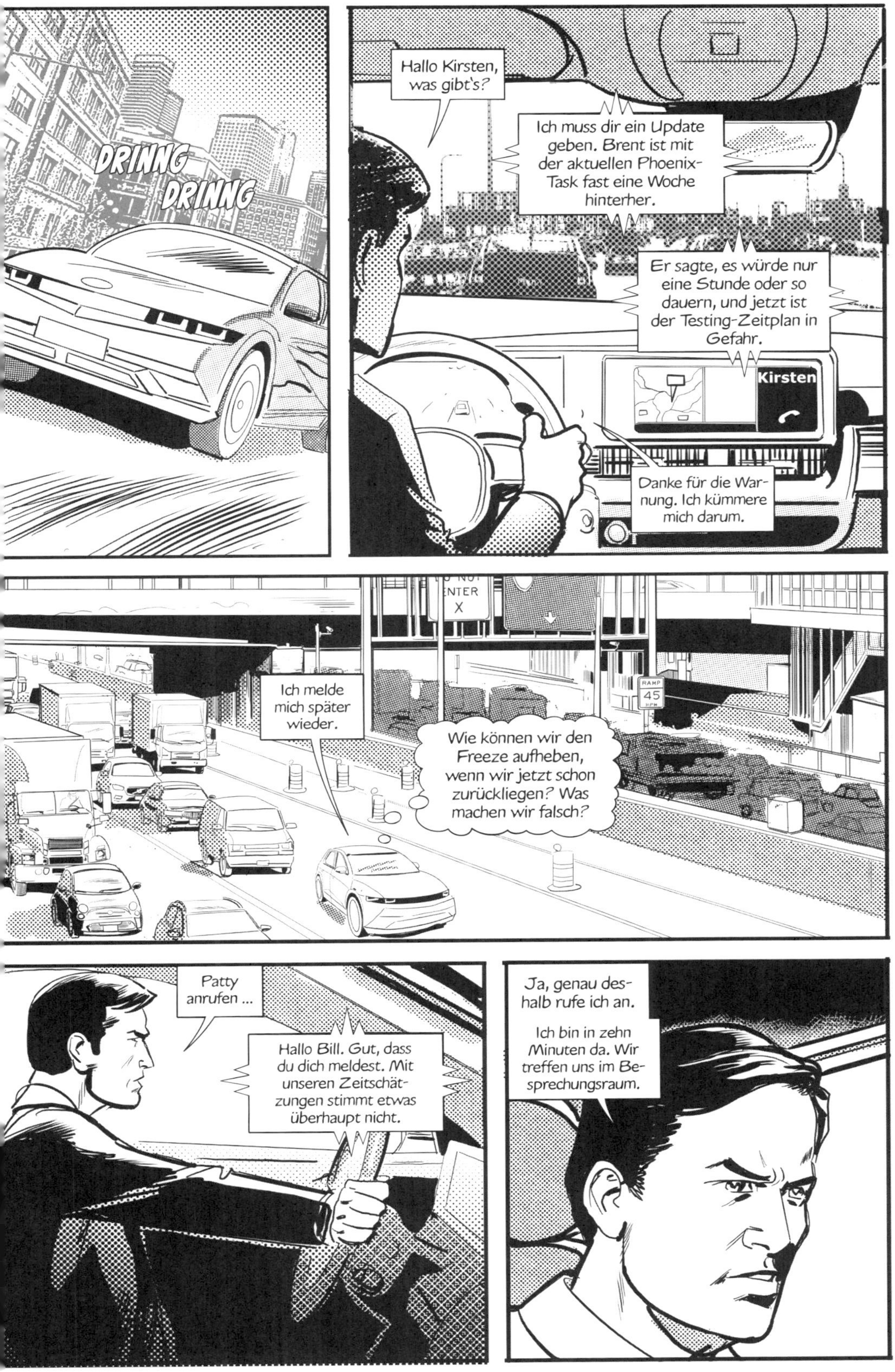

Der Change-Management-Besprechungsraum, früh am Morgen ...
Was wir bisher wissen, ist Folgendes ...
Die Aufgabe, wegen der Kirsten angerufen hat, besteht darin, eine Testumgebung für die Qualitätssicherung bereitzustellen. Nach Brents Schätzung sollte das nur eine Stunde dauern.
Das klingt korrekt. Es muss nur ein neuer virtueller Server eingerichtet werden, und darauf werden dann ein neues System und ein paar Packages installiert.
Vermutlich hat er die Zeitschätzung zur Sicherheit schon verdoppelt.
Nur, dass es nicht nur eine Aufgabe ist. Was Brent da zugesagt hat, ist eher eine Art Miniprojekt.
Es muss ein echter Server sein. Dafür sind über 20 Schritte nötig, an denen sechs Teams beteiligt sind.
Oh ... echte Server sind immer so aufwendig.
Darum geht es nicht. Das würde bei einer Virtualisierung trotzdem passieren.
Erstens ist Brents »Task« deutlich mehr als nur eine Aufgabe.
Und zweitens stellen wir fest, dass wir es mit mehreren Aufgaben zu tun haben, an denen mehrere Menschen beteiligt sind, die alle ihre eigenen dringenden Sachen zu tun haben. So verlieren wir mit jeder Übergabe mehrere Tage Zeit.
Bei diesem Tempo wird es ohne dramatische Änderungen Wochen dauern, bis die Qualitätssicherung bekommt, was sie braucht.

Die Wartezeit ist der »Prozentwert, den die Ressource belegt«, geteilt durch den »Prozentwert, den die Ressource nichts zu tun hat«. Anders gesagt: Wenn eine Ressource zu 50 % beschäftigt ist, ist sie auch zu 50 % im Leerlauf.
Die Wartezeit ist dann 50 % geteilt durch 50 %, also eine Zeiteinheit. Nehmen wir eine Stunde an. Im Durchschnitt wartet unsere Task also eine Stunde in der Queue, bevor sie bearbeitet wird.
Wenn eine Ressource andererseits zu 90 % beschäftigt ist, beträgt die Wartezeit »90 % geteilt durch 10 %« – oder 9 Stunden.
Unser Task würde also neunmal länger in einer Warteschlange herumhängen, als wenn die Ressource zu 50 % ausgelastet ist.
WARTEZEIT
100 90 80 70 60 50 40 30 20 10 0
0 10 20 30 40 50 60 70 80 90 100
% BELEGUNGSGRAD DER RESSOURCE
Wenn wir für die Phoenix-Task davon ausgehen, dass es sieben Übergaben gibt und jede der Ressourcen zu 90 % ausgelastet ist ...
... würde die Task insgesamt 9 Stunden mal 7 Schritte in Warteschlangen hängen ...
Was? 63 Stunden reine Wartezeit? Das ist unmöglich!
Ja sicher. Weil es ja nur 30 Sekunden Tipparbeit sind, oder?
Und das gilt nur für die Übergaben innerhalb von IT Operations. Die Übergaben zwischen Development und IT Operations sind noch **viel** komplexer.

Dieser Graph zeigt, dass jeder Beteiligte Leerlauf oder einen »Puffer« benötigt. Ohne diesen **Puffer** bleibt das WIP im System hängen.
Genauer gesagt, in den Queues, wo sie einfach wartet.
Jeder Zettel am Kanban-Board ist wie diese Phoenix-»Task«. Er sieht aus wie ein Ein-Personen-Job – ist er aber nicht.
Tatsächlich sind es mehrere Schritte mit mehreren Übergaben zwischen mehreren Personen. Kein Wunder, dass Kirstens Projektschätzungen platzen.
Das müssen wir in Kirstens Zeitplan und ihrer »WBS«, also in ihrer Arbeitsverteilungsstruktur, korrigieren. Ein ganzes Drittel unserer Verpflichtungen gegenüber Kirsten fallen in diesen Bereich.
Könnten wir vielleicht eine Kanban-Zeile für jede dieser »Tasks« anlegen?
Ja, das ist es! Erik hatte recht. Du hast gerade einen großen Berg wiederkehrender Arbeit gefunden!
Wenn wir diese wiederkehrende Arbeit dokumentieren und standardisieren können, bekommen wir sie wieder in den Griff, genau wie mit den Ersatz-Laptops. Ich bin sicher, wir können den Durchsatz erhöhen!
Wir müssen unsere Deployment-Aufgaben standardisieren.
Das vereinheitlicht die Sache und verhindert eine weitere »Brent«-Situation, in der nur eine Person die Infrastruktur versteht.

Das ist seltsam. Viele dieser Probleme stammen offenbar von Entscheidungen, die **wir selbst** getroffen haben.
Wir sind dem Feind begegnet – uns selber!
Wisst ihr, Deployments sind wie die Endmontage in einer Fertigungsstraße.
Jeder Arbeitsfluss muss da durch. Ohne diesen Schritt kann das Produkt nicht ausgeliefert werden. Plötzlich weiß ich genau, wie das Kanban aussehen muss.
Für jede abgeschlossene Aufgabe brauchen wir schnelle und effektive Übergaben an die nächste Arbeitsstation.
Falls nötig, wartet eine Person bei der Arbeitsstation, bis die Arbeit erledigt ist, und trägt sie dann zur nächsten Station. Wir werden kritische Aufgaben nicht wieder in einem Stapel Tickets verschwinden lassen.
Du meinst, jemand soll Tasks von einer Person zur nächsten tragen, wie ein Kellner?
In MRP-8 haben sie manchmal eine »Wasserspinnen«-Rolle, die genau das tut.
Fast alle Phoenix-Verzögerungen kamen daher, dass die Tasks in Queues oder Übergaben festhingen. Dieser Plan sorgt dafür, dass so etwas nicht wieder passiert.
Irgendwann werde ich all diese Kanbans ins Intranet übertragen, damit wir keine Person mehr brauchen, die für die Übergaben Kärtchen verschiebt.
Keine Sorge, in ein paar Tagen habe ich eine Lösung.
Ich weiß nicht, wie es Wes geht, aber **ich** werde nicht an ihr zweifeln.

KAPITEL 24 SAMSTAG, 11. OKTOBER

Eine Stunde später im Dockside-Pub ...
Billy, so gut, wieder deine Stimme zu hören ...
Mein Freund ... mein lieber, lieber, alter ... lieber alter Freund.
UXBRIDGE
Zwei Tassen Kaffee, bitte.
Mann, du siehst ja furchtbar aus.
Danke, Kumpel. Du auch.
Schön. Wo zur Hölle hast du dich rumgetrieben? Alle haben nach dir gesucht.
Sag mir ganz ehrlich: Stimmt es wirklich, dass ich absolut nichts von Wert für dich getan habe?
Soll ich ihn wirklich einfach davonkommen lassen und ihm nur sagen, was er hören möchte?
Ein Freund hat mir einmal gesagt, die Wahrheit zu sagen, ist ein Akt der Liebe. Sie zurückzuhalten, ein Akt des Hasses – oder noch schlimmer, der Apathie.
Hör zu, John. Du bist ein guter Kerl, und ich weiß, du hast das Herz am richtigen Fleck.
Aber bis zu dem Moment, in dem du uns geholfen hast, uns während der Phoenix-Katastrophe vor den PCI-Auditoren zu verstecken, hätte ich Nein gesagt.
Im Ernst?
Nach drei gottverdammten Jahren der Zusammenarbeit erzählst du mir, ich hätte dir nicht geholfen. Nicht im Geringsten?

Na ja. Die meiste Zeit war ich für die Midrange-Gruppe verantwortlich, mit der du nicht besonders viel zu tun hattest.
Wir haben uns unsere eigenen Sicherheitsrichtlinien aus dem Web geholt. Und wenn wir miteinander zu tun hatten, hast du versucht, mir eine Menge Arbeit aufzuhalsen.
Sieh mal. Sicherheit ist mir wichtig, und wir achten ständig auf Risiken in unseren Systemen und Daten.
Aber wir stecken auch permanent bis über beide Ohren in dringender Arbeit und versuchen, den Kopf über Wasser zu halten.
In meiner neuen Rolle versuche ich nur, dem Unternehmen beim Überleben zu helfen.
Aber siehst du das denn nicht? Genau das versuche ich doch auch! Ich versuche doch nur, die Firma vor dem Untergang zu bewahren!
Das weiß ich. Aber in meiner Welt bin ich dafür verantwortlich, alle unsere Dienste am Laufen zu halten und neue Services wie Phoenix zu deployen.
Da muss die Sicherheit manchmal zurückstehen.
Du kannst mir glauben, die Risiken mangelhafter Sicherheit sind mir durchaus bewusst. Und ich weiß, dass meine Karriere zu Ende ist, wenn unter meiner Verantwortung ein großes Sicherheitsleck auftritt.
Mit meinem Wissen über die Risiken versuche ich, die bestmöglichen Entscheidungen zu treffen.
Ich glaube einfach nicht, dass das, was du willst, dem Business so sehr hilft wie andere Dinge, um die ich mich kümmern muss.
Komm schon. Macht es dich wirklich so fertig, dass die Businessleute das SOX-Audit auch ohne dich durchgestanden haben? Hinterfragst du deswegen deine Empfehlungen?

Die Rechnung, bitte. Und ein Taxi.
Aber sicher.
Er tut mir leid.
He!
Die Bedienung macht Feierabend, und du wirst in diesem Zustand nicht fahren. Ein Taxi ist unterwegs.
Dockside
Wann werde ich ihn wohl wiedersehen?
TAXI

Am nächsten Abend bei Bill zu Hause...
John
Danke für das Taxi gestern. Habe nachgedacht. Habe Dick gesagt, dass du morgen beim 8-Uhr-Meeting dabei bist. Könnte interessant werden.
Das klingt nicht gut. John hat ein Meeting mit Dick angesetzt, der zweitmächtigsten Person im Unternehmen.
Und das in seinem mental unausgeglichenen Zustand, während er vermutlich überall herumerzählt, dass ich ein Mitverschwörer sei! Nein, nein, nein ...
John
Danke für das Taxi gestern. Habe nachgedacht. Habe Dick gesagt, dass du morgen beim 8-Uhr-Meeting dabei bist. Könnte interessant werden.
Gut, von dir zu hören. Hoffe, es geht dir gut. Worum geht es beim Meeting mit Dick? Schaffe es vielleicht nicht.
Ich war arrogant. Habe gestern verstanden, dass ich nur wenig über Dick weiß. Müssen das ändern. Zusammen.
Hat John jetzt komplett den Verstand verloren? Ich rufe ihn besser an, um mehr Klarheit zu bekommen ...

Was genau hast du vor, John? Worum geht es bei dem Meeting morgen mit Dick? Und warum ziehst du mich da hinein?
Ich habe gestern fast den ganzen Tag im Bett verbracht, weil ich es kaum bis zum Bad und zurück geschafft habe.
Mir ist etwas klar geworden: Wenn ich für dich nicht nützlich war, obwohl wir doch die größten Gemeinsamkeiten haben sollten, dann war ich vermutlich für niemanden nützlich.
Das muss sich ändern. Ich habe darüber nachgedacht, was Erik sagte und dass er bereit wäre, mit mir zu reden, wenn Dick sagt, dass er mich braucht.
Ähm, ich glaube nicht, dass ein halbstündiges »Kennenlern-Meeting« uns irgendwie weiterbringt.
Glaubst du nicht auch, dass man immer damit anfangen sollte, die Person, mit der man es zu tun hat, zumindest zu verstehen? Was kann schon schiefgehen?
Hmm ... vielleicht, dass John etwas Dummes sagt, Dick damit komplett verärgert und er John auf der Stelle feuert? Und danach mich feuert, damit sich das gar nicht erst verbreitet?
Aber ich kann John damit auch nicht hängen lassen.
Okay, ich werde da sein.

KAPITEL 25 DIENSTAG, 14. OKTOBER

Interessante Frage. Ich habe vor 15 Jahren als CFO bei Parts Unlimited angefangen. Die Rolle war damals noch ziemlich traditionell definiert.
Ich habe mich um die finanziellen Risiken des Unternehmens gekümmert und war für die Leitung der Finanzplanung der operativen Prozesse zuständig.
Und zwar auch, als es eine riesige Zahl an Compliance-Problemen gab, für die ich ebenfalls zuständig war.
Als Steve CEO wurde, wollte er, dass ein Mitglied der Geschäftsleitung für die Planung und das operative Geschäft des gesamten Unternehmens zuständig ist. Diese Verantwortung übertrug er mir.
Ich habe gehört, dass dich viele Menschen im Unternehmen als »De-facto-COO« bezeichnen und dass du als Steves rechte Hand giltst.
In meinem Titel kommt »Operations« tatsächlich nicht vor, obwohl ich diesen Teil meines Jobs am meisten liebe. Ich bin inzwischen für die Ziele und Kennzahlen der gesamten Firma zuständig.
In einem so großen Unternehmen wie unserem, mit so vielen Geschäftsprozessen, Managern und Mitarbeitenden, ist fast alles komplex.
Aber selbst einer, der so schlau ist wie Steve, braucht jemanden, der sicherstellt, dass Unternehmensstrategi und -ziele realistisch bleiben, und der unsere tatsächlichen Fähigkeiten objektiv einschätzen kann.

Worin unterscheidet sich für dich ein guter von einem schlechten Tag?
HA-HA-HA-HA-HAH!
Ein guter Tag fühlt sich an wie ein Jahresabschluss, bei dem wir unsere Konkurrenz übertrumpfen – wenn die Leute aus dem Vertrieb ihre Quoten erfüllen und das Unternehmen ordentlich Gewinn macht.
Das bedeutet, wir haben ein erstklassiges Team und wir gewinnen. Wir können planen, so viel wir wollen, aber letztlich bleibt alles nur Theorie, bis wir unsere Strategie auch umsetzen und unsere Ziele erreichen.
Ein schlechter Tag ist so einer wie der vor zwei Wochen.
Wegen irgendwelcher IT-Fehler können wir keinen Quartalsabschluss machen. Wir können unser wichtigstes Projekt nicht umsetzen, um mit der Konkurrenz mitzuhalten.
Wir verlieren Kunden, die Auditoren sind hinter uns her, und die Geschäftsleitung überlegt, uns alle rauszuschmeißen, weil wir solche Versager sind.
In solchen Momenten frage ich mich, ob das Problem in der Wirtschaftslage, unserer Strategie, bei den Managern, euch ITlern – oder bei mir selbst liegt.
An solchen Tagen möchte ich am liebsten direkt in Rente gehen.
Für mich hat es während der letzten vier Jahre eigentlich nur schlechte Tage gegeben.

Und welche Ziele und Kennzahlen stellst du dir für dieses Jahr vor?
Hier, ich zeige es euch.
Dies sind zwei Folien, die ich mir jeden Tag ansehe. Hier die erste ...
CFO-ZIELE
Zustand des Unternehmens
Umsatz
Marktanteil
Durchschnittliche Bestellmenge
Rentabilität
Kapitalrendite
Zustand der Finanzabteilung
Order-to-Cash-Zyklus
Forderungen
Genaue und zeitnahe Finanzberichterstattung
Finanzierungskosten
Das sind die Unternehmensziele und Vorhaben, die ich für die Finanzabteilung festgelegt habe.
Ich habe gelernt, dass die finanziellen Ziele zwar wichtig sind, aber nicht unbedingt am wichtigsten. Selbst wenn die Finanzabteilung alle Ziele erreicht, kann das Unternehmen immer noch scheitern.
Am Ende kann selbst das beste Forderungsmanagement der Welt uns nicht retten, wenn wir uns mit dem falschen Produkt und einer falschen Produktstrategie auf dem falschen Markt befinden und das F&E-Team nicht liefern kann.

Er spricht von Eriks **Erstem Weg**.
Er spricht von systemischem Denken und davon, dass das Unternehmen seine Ziele als Ganzes erreichen muss und nicht nur ein Teil davon.
Die zweite Folie zeigt, was ich für die wirklich wichtigen Unternehmensziele halte.
Sind wir konkurrenzfähig?
Kundenbedürfnisse und -wünsche verstehen: Wissen wir, was wir herstellen müssen?
Produktportfolio: Haben wir die richtigen Produkte?
F&E-Effektivität: Können wir die Produkte effektiv herstellen?
Time-to-Market: Können wir so zeitig liefern, dass wir eine Rolle im Markt spielen?
Sales-Pipeline: Können wir mit unseren Produkten neue Interessenten gewinnen?
Termingerechte Lieferung: Bekommen die Kunden das Versprochene?
Kundenbindung: Gewinnen oder verlieren wir Kunden?
Genauigkeit der Absatzprognose: Können wir das in unsere Vertriebsplanung einbeziehen?
Normalerweise sehen Manager wie ich nur die Ziele unserer Abteilung. Diese Folie zeigt das große Ganze.
Welche dieser Metriken ist am stärksten gefährdet?
Eigentlich alle. Aus Sicht des Produktportfolios bringt uns die Konkurrenz um und nimmt uns täglich mehr Marktanteile ab.
Wir haben 20 Millionen Dollar und jahrelange Arbeit in Projekt Phoenix gesteckt. Trotzdem sind wir nicht konkurrenzfähig, während die Kundenzufriedenheit fällt und wir trotz optimistischer Versprechen aus dem Vertrieb weniger Aufträge bekommen.

Können wir davon eine Kopie bekommen? Bill und ich würden das gern studieren und sicherstellen, dass unsere Teams diese Ziele verstehen. So wissen wir, dass alles, was wir tun, die Ziele voranbringt.
Klar. Das kann nicht schaden. Meine Assistentin soll euch beiden eine Kopie geben, wenn wir fertig sind.
Eine Sache noch: Welche Manager sind für die einzelnen Initiativen und Kennzahlen verantwortlich und rechenschaftspflichtig?
Meine Assistentin wird euch auch eine Tabelle mit diesen Infos geben.
Unsere Zeit ist fast um. Das war ein richtig gutes Meeting. Danke, dass du dir die Zeit genommen hast, uns von deinem Alltag zu berichten.
Können wir noch was für dich tun?
Klar, bleibt konzentriert und bringt Phoenix zum Laufen. Ohne IT hängen wir fest.
Eigentlich hat Dick mir nicht zu sagen, dass ich mich auf Phoenix konzentrieren soll. Das fühlt sich falsch an, aber ich kann nicht sagen, warum. Das nervt.
Sind wir konkurrenzfähig?
Kundenbedürfnisse und -wünsche
müssen?
Produktportfolio: Haben wir die
F&E-Effektivität: Können wir die
Time-to-Market: Können wir so zeitig
Sales-Pipeline: Können wir mit unseren
Termingerechte Lieferung: Bekommen
Kundenbindung: Gewinnen oder verlieren
Genauigkeit der Absatzprognose: Können
einbeziehen?
Selbstverständlich. Am Monatsende haben wir sicherlich ein paar gute Nachrichten zu vermelden.
Gut, ich freue mich schon darauf.

Ich glaube, die Tatsache, dass wir das SOX-404-Audit gerade noch abgewendet haben, und der Inhalt von Dicks zweiter Folie haben etwas gemeinsam.
Ich kann zwar noch nicht genau sagen, was, aber ich glaube, da gibt es etwas, das wir besser verstehen müssen.
Stimmt. Ich glaube nicht, dass Dick weiß, wie sehr seine Kennzahlen davon abhängen.
Er hat mich nach Phoenix gefragt, aber er hätte eigentlich nach allen Zielen fragen sollen.
FINANZEN UND BUCHHALTUNG
Können wir uns nachher noch mal treffen? Vielleicht erkennen wir ja die Zusammenhänge.
Ich vermute, das fehlende Puzzleteil ist zum Greifen nah, das nicht nur erklärt, warum das Unternehmen seine Ziele verfehlt, sondern auch, warum IT nicht die nötige Wertschätzung bekommt.
Absolut!
Johns verrücktes Meeting hat etwas wirklich Wichtiges aufgedeckt. Ich bin mir absolut sicher: Was auch immer wir herauszufinden versuchen, hat mit dem Ersten Weg zu tun.
Dick sprach davon, dass wir die wahren geschäftlichen Zusammenhänge verstehen müssten. Aber bisher hat sicher noch niemand Dicks wichtigste Kennzahlen mit den dafür nötigen IT-Zielen verknüpft.
Kein Wunder, dass Dick das diffuse Gefühl hat, die IT hätte alles vermasselt. Das ist wie ein dumpfer, pulsierender Schmerz, den er nicht eingrenzen kann.
Unser nächster Schritt ist jedenfalls klar: Wir müssen diesen Schmerz genau benennen und sichtbar machen. So können wir Dick überzeugen, dass die IT nicht nur in der Lage ist, weniger Fehler zu machen, sondern dass sie dem ganzen Unternehmen zum Erfolg verhelfen kann.
Dieses Thema ist zu wichtig und zu dringend, um damit im Dunkeln zu tappen. Ich muss Erik anrufen und ihn um Rat bitten.

Hallo?
Guten Morgen. Ich hatte gerade ein bemerkenswertes Meeting mit Dick und John. Wir haben über die Geschäftsinteressen und Dicks Ziele gesprochen. Ich glaube, es hat mit dem Ersten Weg zu tun.
Da könntest du recht haben. Als Teil des Ersten Wegs musst du ein echtes Verständnis des Businesssystems entwickeln, in dem die IT arbeitet.
W. Edwards Deming nannte das »Wertschätzung für das System«.
Ihr in der IT-Abteilung habt zwei Probleme ...
Einerseits muss die IT dabei helfen, die organisatorischen Verpflichtungen einzuhalten und zu schützen, die aber noch niemand genau formuliert hat.
Andererseits hat John herausgefunden, dass einige IT-Kontrollen, an denen er hängt, nicht nötig sind, weil andere Unternehmensteile diese Risiken bereits abwenden.
In der IT geht es immer darum, den Rahmen richtig festzulegen.
Deine Aufgabe ist zweigeteilt: Erst musst du herausfinden, wo die IT **zu schwach aufgestellt** ist, wo also Bestandteile der Prozesse und Technologien das Erreichen der Geschäftsziele tatsächlich gefährden.
Und zweitens muss John herausfinden, wo er die IT **zu stark aufgestellt** hat. Zum Beispiel waren die IT-Kontrollen für das SOX-404-Audit nicht nötig, um wesentliche Fehler in den Finanzberichten aufzudecken.
Die besten Auditoren kennen nur drei Ziele interner Kontrollen: verlässliche Finanzberichterstattung, Rechtskonformität und operative Effizienz.

Du musst über die Grenzen der IT hinausschauen, um zu entdecken, wo sich das Unternehmen auf IT verlässt, um seine Ziele zu erreichen.
Du und John müsst Folgendes tun: Redet mit den Verantwortlichen für die Geschäftsprozesse über die Unternehmensziele, die Dick aufgelistet hat.
Findet heraus, was genau ihre Rollen sind und welche Prozesse ihren Zielen zugrunde liegen. Dann lasst euch von ihnen eine Liste der Dinge geben, die diese Ziele am stärksten gefährden.
Ihr müsst die Wertschöpfungsketten verstehen, die für das Erreichen von Dicks Zielen nötig sind, inklusive der weniger sichtbaren, wie zum Beispiel denen in der IT.
»Wenn du beispielsweise eine überregional tätige Spedition wärst, die 100 Lkws für den Warentransport einsetzt, wäre eines deiner Unternehmensziele eine pünktliche Anlieferung.«
»Jeder wüsste, dass Fahrzeugpannen eine pünktliche Lieferung gefährden und dass ein wesentlicher Grund für Pannen nicht durchgeführte Ölwechsel sind.«
»Um das Risiko zu minimieren, würdest du ein Service-Level-Agreement für den Betrieb der Fahrzeuge erstellen, nach dem das Öl alle 10.000 Kilometer zu wechseln ist.«
Unser wichtigster Key-Performance-Indikator – kurz **KPI** – ist die pünktliche Lieferung. Also schaffen wir eine in die Zukunft gerichtete Kennzahl, um die Compliance bei der Fahrzeugwartung zu erfassen.
Wenn nur die Hälfte unserer Fahrzeuge die nötigen Ölwechsel erhält, wird unsere Anlieferungsperformance sehr wahrscheinlich zurückgehen, weil unsere Fahrzeuge ständig liegen bleiben.

Die Leute denken, dass, nur weil die IT kein Motoröl braucht oder keine physikalischen Pakete ausliefert, auch keine präventive Wartung nötig wäre.
Und weil die Arbeit und das Gut, das IT transportiert, unsichtbar sind, glauben sie, es reiche, ein bisschen Feenstaub auf die Computer zu streuen, damit sie wieder laufen.
Präventiver Ölwechsel und Vorschriften zur Fahrzeugwartung entsprechen Hersteller-Patches und Regeln für das Change-Management.
Indem du offenlegst, wie Risiken in der IT die Performancekennzahlen des Unternehmens gefährden, kannst du damit beginnen, bessere Unternehmensentscheidungen zu treffen.
Okay, noch eine Sache, bevor ich weitermuss …
Sorge dafür, dass John seinen Auftrag erfüllt. Er muss mit dem Teil des SOX-404-Teams sprechen, das für die Finanzen zuständig ist.
Er muss genau herausfinden, wie das Unternehmen es geschafft hat, beim letzten Audit mit einem blauen Auge davonzukommen. Er muss wissen, wie die tatsächliche Kontrollumgebung aussieht und worauf man sich wirklich verlässt.
Und dann muss er es dir erklären.
Du bist bereit für dein Meeting mit Dick, wenn du die Wertschöpfungsketten erkannt hast und ihm zeigen kannst, wie IT seine Ziele gefährdet.
Bereite dich vor, indem du konkrete Beispiele dazu sammelst, wie IT-Probleme diese Ziele in der Vergangenheit untergraben haben.
Du kannst mich übrigens gerne zu dem Meeting einladen. Ich möchte Dicks Gesicht sehen, wenn du ihm deine Erkenntnisse präsentierst.

KAPITEL 26 FREITAG, 17. OKTOBER

Sorry, Leute. Trotz des ganzen von mir durchgeführten Trainings verhält sich mein Team manchmal wie eine Gruppe Schulkinder.
Laut Dicks Tabelle bist du für die Kennzahlen »Sales-Pipeline« und »Genauigkeit der Umsatzprognose« zuständig. Was kannst du mir über die Herausforderungen beim Erreichen dieser Zahlen berichten?
Wenn du unsere Probleme mit den Vorhersagen verstehen willst, musst du die Quelle betrachten: Steve und Dick geben unmögliche Umsatzziele vor, die ich irgendwie erreichen muss.
Ich bin seit Jahren ge zwungen, mein Team mit unrealistischen Quoten zu überlaster was garantiert, dass wir unsere Zahlen nicht erreichen.
Ich habe das schon wiederholt angesprochen, aber niemand hört mir zu – vielleicht weil der Aufsichtsrat ähnliche Ziele für Steve und Dick vorgibt.
Dieses kaputte System demoralisiert alle und vertreibt meine besten Leistungsträger.
Wir ersetzen sie, aber es dauert mindestens ein Jahr, bis der Nachfolger die gleichen Zahlen erreicht. Dabei ist das Finden guter Vertriebler selbst in dieser Wirtschaftslage schwierig.
Weißt du, was mich wirklich ärgert? Sarah hat versprochen, dass die Übernahme der Einzelhandelsgeschäfte unsere Verkäufe ankurbeln würde.
Und? Ist was passiert? Natürlich nicht! Die Umsetzung geht komplett den Bach runter.
Wir haben keine Ahnung, was unsere Kunden wollen! Wir haben zu viele Ladenhüter und nicht genug Produkte, die die Menschen wirklich wollen.

Seine Worte klingen wie die Liste mit den Geschäftszielen von Dicks Folie.
Du sagst, unsere mangelhafte Kenntnis von »Verständnis der Kundenwünsche und -bedürfnisse« gefährdet die »Genauigkeit der Umsatzprognose«?
Ganz genau.
Was ist mit dem Sales-Pipeline-Prozess und seinen Herausforderungen?
Meine Manager haben Probleme, die nötigen Berichte von unserem Customer-Relationship-System, unserem CRM, zu bekommen. Es ist ein harter Kampf, meine Vertriebler dazu zu bringen, das CRM in ihrem Arbeitsalltag überhaupt einzusetzen.
Wie sieht ein schlechter Tag für dich aus?
Ein schlechter Tag? Den haben wir erlebt, als das MRP-System, also die Materialbedarfsplanung, und die Telefonsysteme zusammengebrochen sind, die Kunden uns wegen der Verzögerungen angeschrien und zwei davon ihre Bestellungen im Wert von 250.000 Dollar direkt storniert haben.
Wir kämpfen, um zu verhindern, dass Verträge in Höhe von 1,5 Millionen Dollar neu ausgeschrieben werden. IT-Probleme haben weitere 1,5 Millionen verzögert und zusätzliche 5 Millionen Dollar einem Risiko ausgesetzt.
Ihr erschwert mir meinen Job massiv! Viele Vertriebsmitarbeitende haben ihre Quoten durch Faktoren außerhalb ihrer Kontrolle nur um Haaresbreite erfüllt.

Das, was unter meiner Leitung passiert ist, tut mir wirklich leid. Dafür gibt es keine Entschuldigung.
Ein externer Anbieter hat eine nicht autorisierte Änderung an der Telefonvermittlung vorgenommen. Wir unternehmen Schritte, um das in Zukunft zu verhindern.
Wir haben jetzt Regeln für das Change-Management. Aber wie du selbst weißt, haben Training und Vertrauen auch ihre Grenzen. Wir brauchen ein Monitoring, um diese Regeln durchsetzen zu können.
Das Problem ist, dass wir unsere Lizenzen über das von Information Security bereitgestellte Maß hinaus erweitern müssen. Und Notfallkapital ist heutzutage nur schwer zu bekommen – besonders für IT Operations.
Warum? Wofür sparen die das Geld? Vermutlich für noch so eine hirnrissige Übernahme, die auf Sarahs Mist gewachsen ist.
Über wie viel Geld reden wir?
Eine halbe Million Dollar.
Wir geben mehr Geld dafür aus, die Rasenflächen vor den Fertigungsstätten wöchentlich zu beregnen! Dick wird darüber von mir hören.
Wenn er nicht mehr Geld ausgeben will, könnten wir Bestellungen verlieren – selbst wenn dein Projekt nur eine Maßnahme ist, um die harte Arbeit meiner Vertriebsleute abzusichern.
Das liegt **doch auf der Hand**!

Das sehen wir genauso. Danke für deine Unterstützung. Unsere Zeit ist fast um. Gibt es noch andere Hindernisse oder Herausforderungen, mit denen wir dir helfen können?
Nein. Sorgt einfach dafür, dass die externen Anbieter unsere Telefonsysteme nicht wieder abstürzen lassen, verstanden?
Ich habe noch ein Meeting, aber wenn ihr weitere Fragen habt, könnt ihr mir die gern per E-Mail schicken.
Ron hat gesagt, wie wichtig ihm die Telefon- und MRP-Systeme sind. Aber ich bin mir sicher, da gibt es noch mehr – zum Beispiel die Warenwirtschaftssysteme.
Ich werde eine vollständige Liste der Infrastruktur sowie der Applikationen erstellen, die für Ron wichtig sind. Wenn davon etwas in Gefahr ist, müssen wir es auf die »Zu ersetzen«-Liste schreiben.
Das ist eine gute Gelegenheit, proaktiv zu handeln.
Du kannst Gedanken lesen.
Diese Präventivarbeit unterstützt die meisten Unternehmensziele. Woher wissen wir das? Weil wir mit den Kennzahlen begonnen haben, die Dick am wichtigsten waren.
Unser nächstes Meeting ist das Treffen mit **Maggie Lee**, die Projekt Phoenix und fast die Hälfte der anderen IT-Projekte mitverantwortet hat. Wir haben bereits mit ihr gearbeitet.
Ja, sie hat den wichtigen Job, sicherzustellen, dass die Firma das bestmögliche Sortiment an Artikeln in unseren Fachgeschäften anbietet. Außerdem kümmert sie sich um die Roadmaps für die Kategorien und die Preisgestaltung.

Später in Maggie Lees Büro ...
Danke, dass du dich mit uns triffst. Am besten erzählst du uns erst einmal, wie du die Kundenbedürfnisse misst.
Letztlich messe ich die Kundenwünsche und -bedürfnisse daran, wie viele der Kunden uns in ihrem Freundeskreis weiterempfehlen würden.
Wie man es auch dreht und wendet – unsere Kennzahlen sind nicht besonders gut.
Und woran liegt das deiner Meinung nach?
Die meiste Zeit tappen wir im Dunkeln. Im besten Fall würden uns die Verkaufszahlen sagen, was die Kunden wollen.
Aber unsere Datenqualität ist so schlecht, dass wir damit keinerlei Vorhersagen zu Bestellungen, Warenwirtschaft oder eigentlich allem treffen können.
Wenn du zaubern könntest, was würdest du dir wünschen?
Ich brauche genaue und pünktliche Bestellinformationen aus unseren Läden und Onlinekanälen. Ich möchte einen Knopf drücken, und die Infos sind da. Ich würde A/B-Tests der Angebote durchführen, um herauszufinden, was davon die Kunden wirklich wollen.
Sobald wir wissen, was funktioniert, können wir das auf den gesamten Kundenstamm übertragen und so eine riesige und verlässliche Verkaufs-Pipeline für Ron schaffen.
Ich würde die Informationen nutzen, um unseren Produktionsplan zu steuern und unsere Angebots- und Nachfragekurven anzupassen. Wir hätten die richtigen Produkte in den richtigen Ladenregalen, und diese Regale wären gefüllt.
Unser Umsatz pro Kunde würde durch die Decke gehen. Unsere durchschnittlichen Bestellzahlen würden wachsen, wir würden schließlich unseren Marktanteil steigern und die Konkurrenz endlich wieder schlagen.

Aber leider müssen wir mit den Systemen, die wir haben, weiter klarkommen.
Warte mal, ich dachte, Phoenix sollte all das lösen?
Ich bitte dich! Alles, was wir von Phoenix bekommen haben, ist ein Haufen leerer Versprechen.
Phoenix sollte einen Großteil des Reportings übernehmen, aber der politische Druck, irgendetwas auszuliefern, ist so hoch, dass immer mehr Features weggelassen werden.
Und jetzt ratet mal, welches Feature auf »irgendwann nächstes Jahr« verschoben wurde?
Reporting?
Volltreffer.
Nehmen wir einmal an, der Zauberstab habe funktioniert. Die Geschäfte liefern großartige Daten. Du hast die richtigen Produkte im Regal, und die Kampagnen sind erfolgreich. Was dann?
Dann wird das Leben aufregend!
Letztes Jahr haben wir ein spezielles Einspritzsystem für einen neuen Sportwagen herausgebracht. Damit haben wir den Nagel auf den Kopf getroffen! Die Designer, die F&E-Leute und das Marketing haben sich richtig reingehängt.
Wir hatten das richtige Produkt am richtigen Ort, die richtige Marke, den richtigen Preis und die richtige Qualität. Es war eines der bestverkauften Produkte des Jahres und hat ordentlich was eingebracht.
Wenn wir pro Jahr 50 solcher Dinger drehen könnten, bin ich mir sicher, dass vier davon absolute Hits würden! Dann wären wir nicht nur profitabel, sondern **wahnsinnig** profitabel.

Was ist für deine Produkte eine akzeptable Time-to-Market?
Heutzutage müssen die Produkte in sechs Monaten ausgeliefert werden, maximal neun. Dauert es länger, klaut die chinesische Konkurrenz unsere Idee und dominiert den Markt.
Eine schnelle Time-to-Market und schnelles Scheitern sind essenziell. Wir können uns keine mehrjährigen Entwicklungszyklen leisten, die ein Feedback vom Markt verzögern. Längere Zyklen binden außerdem Firmenkapital, ohne dass etwas zurückkommt.
Und wenn das F&E-Kapital über ein Jahr als WIP gebunden ist, wird das Generieren von Gewinn fast unmöglich.
Verdammt! Maggie klingt mehr und mehr wie Erik. Die Notwendigkeit kürzerer Zyklen ist Teil des **Ersten Wegs**.
Die Notwendigkeit, mehr Feedback einzuholen, idealerweise vom Kunden, ist Teil des **Zweiten Wegs**. Aber höchstens neun Monate, bis das Kapital wieder ins Unternehmen fließt?
Wir haben jetzt fast drei Jahre an Phoenix gearbeitet, und der gewünschte Wert für das Unternehmen ist immer noch nicht erreicht. Ich habe das ungute Gefühl, dass wir Phoenix vollkommen falsch anpacken.
Ich weiß, unsere Zeit ist fast um. Eine letzte Frage noch: Wie steht IT dem Erreichen deiner Ziele sonst noch im Weg?
Na ja. Eines gibt es noch ... der intensive Wettbewerb um IT-Ressourcen.
Unser Planungshorizont beträgt sechs bis zwölf Monate. Woher soll irgendjemand wissen, an welchen Projekten in drei Jahren gearbeitet werden soll?

Nun klingt sie wie Ron. Nichts verbindet Menschen mehr, als über die IT zu lästern.
Ich verstehe genau, was du meinst. Hast du eine Idee, wie wir das beheben könnten?
Stellt mehr Leute ein. Weist ein paar davon meiner Gruppe zu. Untersucht genauer, welche Projekte die IT-Projektwarteschlange verstopfen und so weiter.
Die meisten dieser Ideen kennen wir schon. Hierfür brauchen wir ein größeres Budget. Das werden Steve und Dick niemals genehmigen.
Danke für deine Zeit.
Unfassbar! Ich kann nicht glauben, wie frustriert Maggie und Ron sind. Und ich fürchte, dass Phoenix die Probleme mit der Bestelleingabe und der Bestellverwaltung nicht lösen wird.
Setze ein Meeting mit John und Wes an. Wir werden ihnen unsere Erkenntnisse präsentieren. Lade **Chris Allers** ebenfalls ein. Diese Sache reicht weit über IT Operations hinaus.
Das kann auch Auswirkungen darauf haben, wie wir unsere Applikationen priorisieren und entwickeln.
Nach meinen Berechnungen haben wir in drei Jahren bereits 20 Millionen Dollar für Phoenix ausgegeben. Mit all dem WIP und dem Kapital, das in diesem Projekt festhängt, wird es die interne Mindestrendite von 10 % niemals schaffen.
Phoenix hätte nie genehmigt werden dürfen.

KAPITEL 27 DIENSTAG, 21. OKTOBER

Parts Unlimited, gewünschte Geschäftsergebnisse: Einnahmen erhöhen, Marktanteil vergrößern, durchschnittliches Auftragsvolumen erweitern, Profitabilität wiederherstellen, Kapitalrendite erhöhen

Leistungskennzahlen	IT-Beteiligung	Geschäftsrisiken durch IT
1. Kundenwünsche und -bedürfnisse verstehen	Bestellverwaltung und Warenwirtschaft	Ungenaue Daten, Berichte unpünktlich, müssen überarbeitet werden
2. Produktportfolio	Bestellverwaltung	Ungenaue Daten
3. F&E-Effektivität		
4. Time-to-Market (F&E)	Phoenix	Dreijahreszyklus und WIP machen das Erreichen der Mindestrendite unwahrscheinlich
5. Sales-Pipeline	CRM, Marketing-kampagnen, Telefon-/Voicemail-Systeme, MRP-Systeme	Vertriebsverwaltung kann Pipeline nicht einsehen/verwalten, Kunden können keine Bestellungen ergänzen/ändern
6. Termintreue	CRM, Telefon-/Voicemail-Systeme, MRP-Systeme	Kunden können keine Bestellungen ergänzen/ändern
7. Kundenbindung	CRM, Kundendienst-systeme	Vertrieb kann Kunden-entwicklung nicht steuern
8. Genauigkeit der Umsatzprognose	wie Nr. 1	wie Nr. 1

Es steht alles hier.
Parts Unlimited, gewünschte Geschäftsergebnisse:
Marktanteil vergrößern, durchschnittliches Auftragsvolumen
Profitabilität wiederherstellen, Kapitalrendite erhöhen
Leistungskennzahlen
IT-Beteiligung
Geschäftsrisiken durch IT
1. Kundenwünsche und -bedürfnisse verstehen
Bestellverwaltung und Warenwirtschaft
Ungenaue Daten, Berichte unpünktlich, müssen überarbeitet werden
Bestellverwaltung
Ungenaue Daten
2. Produktportfolio
3. F&E-Effektivität
4. Time-to-Market (F&E)
Phoenix
Dreijahreszyklus und WIP machen das Erreichen der Mindestrendite unwahrscheinlich
5. Sales-Pipeline
CRM, Marketingkampagnen, Telefon-/Voicemail-Systeme, MRP-Systeme
Vertriebsverwaltung kann Pipeline nicht einsehen/verwalten, Kunden können keine Bestellungen ergänzen/ändern
6. Termintreue
Kunden können keine
7. Kundenbindung
8. Genauigkeit der Umsatzprognose
wie Nr. 1
Die erste Spalte enthält die Geschäftskompetenzen und -prozesse, die nötig sind für das Erreichen der von Dick gewünschten Ergebnisse.
In der zweiten Zeile stehen die hierfür nötigen IT-Systeme.
Die dritte Spalte listet auf, was mit den IT-Systemen oder den Daten schiefgehen kann.
Und in eine vierte Spalte schreiben wir die Gegenmaßnahmen, mit denen ein Auftreten dieser Probleme verhindert wird oder mit denen sie zumindest erkannt werden, um darauf reagieren zu können.
Seht euch die ganzen Beschwerden an. Es ist klar, dass die meisten Dinge, die Dick wichtig sind, ohne IT nicht funktionieren.
Um ehrlich zu sein, gefällt mir Bills dritte Spalte, »Geschäftsrisiken durch IT«, am besten.
Sehe ich auch so. Gute Arbeit, Bill.
Aber was ist die Lösung?
Hat jemand eine Idee?

Ist doch klar: Wir müssen die richtigen Kontrollmechanismen entwickeln, um die Risiken in der dritten Spalte zu verringern.
Dann zeigen wir diese Tabelle Ron und Maggie und überzeugen sie davon, dass diese Gegenmaßnahmen ihnen beim Erreichen ihrer Ziele helfen.
Wenn sie mitmachen, können wir mit ihnen zusammenarbeiten, um IT in ihre Performancekennzahlen zu integrieren.
Eriks Beispiel passt hier perfekt. Dort wurde »Einhaltung der Fahrzeug-Wartungsvorgaben« als Hauptindikator für »pünktliche Lieferung« und »Kundenbindung« integriert. Wir müssen das Gleiche tun.
Für die Telefon- und MRP-Systeme sollte die Einhaltung der Change-Management-Prozesse Teil der präventiven Maßnahmen sein.
Außerdem Überwachen und Überprüfen der Änderungen im Produktionsablauf, Abschluss geplanter Wartungsarbeiten und Eliminieren aller Single Points of Failure.
Beim Punkt »Kundenwünsche und -bedürfnisse« geht es nicht um Systemverfügbarkeit, sondern um die Integrität der Daten, die zwei der drei Seiten des Dreiecks aus »Vertraulichkeit, Integrität und Verfügbarkeit« bilden, auf Englisch auch kurz als CIA bezeichnet.
Und was ist der Grund für die Probleme mit der Datenintegrität, Chris?
Phoenix löst ein paar davon. Manche Probleme entstehen aber schon früher, weil das Marketing immer wieder falsch formatierte Artikelnummern eingibt. Die Marketingleute müssen ihren Laden ebenfalls in Ordnung bringen.

Und für die Anforderungen der Marketingabteilung ...
... sollten wir auch vorschlagen, dass Phoenix wöchentliche und sogar tägliche Berichte unterstützen und außerdem den Prozentsatz der vom Marketing erzeugten gültigen Artikelnummern erhöhen muss und so weiter.
Das klingt schon ziemlich gut. Ich glaube, wir haben genug Ideen für eine Präsentation, die Patty und ich zuerst Ron und Maggie zeigen und anschließend auch Dick.
Na, das, meine Freunde, ist mal ein überzeugender Vorschlag. Selbst ein Affe könnte die Zusammenhänge verstehen, die wir gerade aufgedeckt haben!
Vir holen uns las Feedback von Ron und ggie und sorgen lafür, dass sie seren Vorschlag ick gegenüber unterstützen.
Mit ihrer Hilfe und Begeisterung könnte unser Treffen mit Dick am Donnerstag ein Volltreffer werden.
Ich darf nicht vergessen, Erik zu dem Meeting einzuladen.

Das Donnerstagsmeeting in Dick Landrys Büro ist **kein** Volltreffer ...
Alles, was ihr mir gesagt habt, ist, dass ihr komplett am Steuer eingeschlafen seid! Ihr erzählt mir Dinge, auf die selbst ein hirnloser Affe hätte kommen können.
Ihr wusstet nicht, dass diese Kennzahlen wichtig sind? Steve wiederholt sie bei jedem Town-Hall-Meeting immer und immer wieder.
Es steht in unseren Firmen-Newslettern, und Sarah spricht in jedem ihrer Strategie-Meetings darüber. Wie könnt ihr so etwas Wichtiges übersehen?
Ich stimme zu, dass ein hirnloser Affe das hätte herausfinden können.
So, und jetzt erklär mir mal, warum deine hübsche kleine Tabelle vier Managementebenen für jede deiner Kennzahlen auflistet, aber IT-Manager komplett fehlen.
Warum?
Offen gestanden ... ich glaube, du bist genauso ein hirnloser Affe wie Bill.
Das mag sein, Erik.
Also, Bill. Du sagst, selbst wenn die Geschäftsleitung alles richtig macht, würden wir unsere Ziele wegen der IT-Probleme verfehlen?
Ganz genau.
Die operativen Risiken durch IT müssen genau wie jedes andere geschäftliche Risiko gemanagt werden. Anders gesagt: Das sind keine IT-Risiken, sondern geschäftliche Risiken.

Verdammt! Wie zur Hölle sollen wir einen Outsourcing-Vertrag schreiben, wenn wir nicht einmal wissen, was unser Unternehmen braucht?
Na? Und was ist dein Vorschlag? Du hast doch einen, oder?
Wir brauchen drei Wochen mit jedem Geschäftsprozessverantwortlichen, um die IT-Risiken und Frühindikatoren korrekt zu definieren.
Das hilft uns nicht nur, die Geschäftsergebnisse zu verbessern, sondern auch dabei, mögliche Probleme früh genug zu erkennen, um die nötigen Korrekturen vorzunehmen.
Außerdem möchte ich gern ein Single-Topic-Meeting mit dir und Chris zu Phoenix ansetzen. Ehrlich gesagt hätte Phoenix in seiner jetzigen Definition nie genehmigt werden dürfen.
Mit so viel WIP und zu vielen Features in der Pipeline sind wir viel zu langsam.
Wir müssen unsere Releases kürzer und kleiner machen, damit das Geld schneller ins Unternehmen zurückfließt und wir die interne Mindestrendite erreichen. Chris und ich haben ein paar Ideen dazu ...
Eure Vorschläge sind angenommen. Ann soll euch dabei helfen. Ihr braucht die besten Leute im Unternehmen.
Danke, Sir. So machen wir's.
Nicht schlecht, Kleiner. Und herzlichen Glückwunsch. Du machst ordentliche Fortschritte beim Meistern des Ersten Wegs.

Freitagmorgen setzt John ein Meeting mit Wes, Patty und Bill an, das einige fantastische Neuigkeiten verspricht ...
Ich weiß endlich, wie wir das Audit überstanden haben, und ich bin ziemlich sicher, dass wir großartige Möglichkeiten haben, die Belastungen durch Audits und Compliance zu verringern.
Weniger Audit-Aufgaben? Ich bin ganz Ohr.
Wenn wir uns die Auditoren ohne einen weiteren Spießrutenlauf vom Leib halten könnten, wäre das ein echtes Wunder.

Ich musste herausfinden, wie wir die Resultate der internen und externen Audits überstehen konnten.
Nach mehreren Meetings mit dem Parts-Unlimited-Team, das am Audit-Meeting teilgenommen hatte, fand ich heraus, dass **Faye**, eine Finanzanalystin mit IT-Erfahrung, die Lösung hatte.
Sie hat die SOX-404-Dokumente erstellt, die den Fluss der Finanzinformationen nachverfolgen. Dieser zeigt klar auf, wo die Fehler erkannt werden konnten, bevor die IT-Systeme untersucht werden mussten.
Ihr Ansatz zeigt, dass die meisten Probleme bei manuellen Kontenabstimmungen entdeckt wurden, wodurch die vorgelagerten IT-Systeme außerhalb des Audit-Umfangs lagen.
Sie sagte zu den Auditoren: »Die Kontrolle zum Erkennen wesentlicher Fehler liegt bei den manuellen Abstimmungen, nicht in den vorgelagerten IT-Systemen.«
Ich habe Fayes Dokumente komplett durchgearbeitet, in allen Fällen waren die Auditoren der gleichen Meinung und haben ihre IT-Funde wieder zurückgezogen.
Deshalb nannte Erik die Audit-Ergebnisse einen »Scoping-Fehler«. Er hatte recht. Wäre der Audit-Testplan von Anfang an richtig ausgerichtet gewesen, hätte es die IT-Funde gar nicht erst gegeben.

Ich komme nicht ganz mit. Was hat das mit einer Verringerung der Arbeitsbelastung durch Audits zu tun?
Ich baue unser Compliance-Programm von Grund auf neu, diesmal auf Basis unserer neuen Erkenntnisse über die Sicherheitsmaßnahmen.
Das gibt vor, was wichtig ist. Es ist, als hätten wir eine magische Brille, die zeigt, welche Kontrollen überlebenswichtig und welche vollkommen nutzlos sind.
Ja! Und diese »Zauberbrille« half uns letztlich, zu erkennen, was Dick für den Geschäftsbetrieb wichtig ist. Es befand sich direkt vor unserer Nase, und wir haben es trotzdem übersehen.
Ich schlage fünf Dinge vor, die unsere sicherheitsbezogene Arbeitsbelastung um 75 % reduzieren können.
Mein erster Vorschlag ist, den Umfang des SOX-404-Compliance-Programms drastisch zu verringern.
Auch John ist dabei, den Ersten Weg zu meistern, indem er eine echte »Wertschätzung für das System« erlangt hat.
Für meinen zweiten Vorschlag müssen wir wissen, wie die Fehler im Produktionsablauf überhaupt entstanden sind und wie wir unseren Deployment-Prozess so anpassen, dass das nicht wieder passiert.

Für meinen dritten Vorschlag müssen wir alle Systeme in Pattys Change-Management-Prozess markieren, die von Compliance-Audits betroffen sein könnten.
So können wir Änderungen vermeiden, die unsere Audits gefährden, und die fortlaufende Dokumentation erstellen, nach der die Auditoren fragen werden.
Mein vierter Vorschlag besteht darin, die Größe unseres PCI-Compliance-Programms zu verringern, indem wir alles weglassen, was Kreditkartendaten speichert oder verarbeitet. Diese Daten sind vergleichbar mit Giftmüll.
Verlust oder falscher Umgang damit kann tödlich sein, und ihr Schutz ist viel zu teuer. Fangen wir mit dem hirnrissigen Kassensystem in der Cafeteria an. Ich möchte nie wieder eine Sicherheitsprüfung für dieses beschissene System machen müssen.
Das klingt super! Ich wünschte, wir hätten uns schon vor Jahren davon getrennt. Wir haben Monate damit verschwendet, das System für diese Audits abzusichern.
Ich denke, niemand hier hält die Cafeteria-Kasse für eine Kernkompetenz. Sie hilft dem Unternehmen nicht, aber sie kann es mit Sicherheit schädigen.
Außerdem zieht es knappe Ressourcen von Phoenix und von den Kassensystemen in den Einzelhandelsgeschäften ab, die definitiv unsere Kernkompetenz sind.
Okay, John. So machen wir's. Du triffst den Nagel auf den Kopf. Aber meinst du wirklich, dass wir das rechtzeitig loswerden, damit es noch etwas bewirkt?
Ja. Ich habe bereits mit Dick u der Rechtsabteilung gesproche Wir müssen nur noch einen pas senden Outsourcer finden und selbst davon überzeugen, dass ihn vertrauensvoll damit beauf tragen können, die Systeme u Daten zu warten und abzusiche
Wir können zwar die Arbeit auslagern, aber nicht die Verantwortung.

Kannst du irgendetwas tun, damit auch Phoenix nicht mehr von den Audits betroffen ist?
Nur über meine Leiche.
Mein fünfter und letzter Vorschlag ist, dass wir die gesamte Zeit, die wir mit den anderen vier Vorschlägen sparen, dafür verwenden, sämtliche technischen Schulden in Phoenix abzubezahlen.
Wir wissen alle, dass Phoenix hoch riskant ist: Es gibt strategische, operative und enorme Sicherheits- und Compliance-Risiken. Fast alle Kennzahlen von Dick hängen davon ab.
Wie Patty gesagt hat, sind unser Bestelleingabe- und unser Warenwirtschaftssystem Kernkompetenzen. Eigentlich sollten sie ein Wettbewerbsvorteil sein. Stattdessen sind sie ein Pulverfass.
Du hast vollkommen recht, John. Wir müssen die technischen Schulden abbezahlen. Hat jemand einen Vorschlag, wie das gehen könnte?
Wir sollten Leute aus Wes' und Chris' Team zusammenbringen, um die Sicherheitsexpertise zu erhöhen.
So können wir die Sicherheit in unsere tägliche Arbeit integrieren und müssen die Sachen nicht mehr absichern, nachdem sie schon deployt sind.
Damit machen wir weiter. John, hast du noch etwas?
Danke euch allen. Meine Agenda ist damit komplett abgedeckt.
Wir sind 30 Minuten früher fertig. Das muss ein neuer Weltrekord für die Klärung sicherheitsrelevanter Fragen sein.

KAPITEL 28 MONTAG, 27. OKTOBER

Wir bauen hier ein Schwarmwissen auf, das uns dabei hilft, Dinge schneller als je zuvor zu reparieren. Und wenn wir eskalieren müssen, passiert das kontrolliert und geordnet.
Unser Projekt-Backlog ist deutlich geschrumpft, vor allem weil wir unnötige Projekte aus der Warteschlange entfernt haben.
Wir haben eine Reihe unnötiger Sicherheitsprojekte rausgeworfen, die aus unserer Vorbereitung und Aufarbeitung des Audits stammen, und sie durch präventive Sicherheitsprojekte ersetzt, bei denen das gesamte Team mithilft.
Durch die Anpassung unserer Entwicklungs- und Deployment-Prozesse haben wir die Applikationen und die Produktionsinfrastruktur sinnvoll und systematisch gehärtet und abgesichert.
Unsere Change-Management-Meetings verlaufen ruhiger und regelmäßiger als früher. Wir können nicht nur sehen, was unsere Teams gerade bauen, sondern auch, dass die Arbeit regelrecht fließt.
Und dabei wissen die Menschen endlich genau, woran sie arbeiten sollten. Ich höre, dass die Mitarbeitenden deutlich zufriedener und optimistischer sind, weil sie endlich ihre Arbeit machen können.
Pattys Kanbans um Brent herum funktionieren hervorragend, auch wenn manche Aufgaben doch wieder bei ihm landen. Um diese Fälle kümmern wir uns besonders, damit sie sich nicht wiederholen.
Aber wir verbessern dadurch nicht nur Brents Arbeit. Durch die Verringerung der in Arbeit befindlichen Projekte haben wir klare Arbeitsabläufe geschaffen, wodurch sich die Tasks schneller von einer Arbeitsstation zur nächsten bewegen und dadurch schneller fertig werden als je zuvor.
Und unser Ticketsystem enthält fast keine überalterten Aufgaben mehr. Wir können jetzt darauf vertrauen, dass sämtliche Tasks im System wirklich wichtig sind und eine echte Chance haben, auch abgeschlossen zu werden.

Entgegen allen Erwartungen steigt sogar die Zahl der Projekte, die gleichzeitig bearbeitet werden.
Weil wir unsere Arbeitsabläufe besser verstehen und sorgfältig steuern, was bei Brent landet, können wir mehr Projekte freigeben, ohne bestehende Verpflichtungen zu kompromittieren.
Wir beginnen, den Ersten Weg zu meistern: **Flow und systemisches Denken**.
Wir verringern die Weitergabe von Fehlern an nachgelagerte Arbeitsstationen, wir steuern den Arbeitsfluss, passen das Tempo an unsere Beschränkungen an und verstehen, was wichtig ist und was nicht.
Wisst ihr was? Wir sollten Leute aus dem Dev-Team zu unseren Analysen der Hauptursachen von Ausfällen bei unseren Post-Mortems und zu unseren zweiwöchentlichen »Notfallübungen« einladen.
Sehr gute Idee. Das ermöglicht **schnelles Feedback** und **ein ständiges Lernen**, was dem Zweiten und Dritten Weg entspricht, die Erik aufgezeigt hat.
Wiederholung erzeugt Vertrauen und Transparenz – besonders wenn Teamwork nötig ist.
Mir scheint, als basiere das Management auf fehlerhaften Annahmen, wenn jemand IT managt, ohne über die Drei Wege zu sprechen.

Entschuldige die Störung. Hast du einen Moment Zeit?
Klar, wir sind sowieso gerade fertig.
Meinem Team ist heute etwas Beunruhigendes aufgefallen. Es gibt Mitarbeitende, die den Projekt-Freeze umgehen.
Lass mich nicht zappeln. Wer versucht, das System zu hintergehen?
Sarah, wer sonst?
In Sarahs Gruppe werden an vier Stellen externe Anbieter und Onlinedienste genutzt.
Zwei davon sind relativ harmlos, aber die anderen beiden sind ernster. Sie hat einen externen Anbieter für ein 200.000-Dollar-Projekt engagiert, um Data-Mining mit Kundendaten zu betreiben ...
... und einen weiteren Anbieter, der sich mit allen unseren POS-Systemen verbinden soll, um Verkaufsdaten für Kundenanalysen zu sammeln.

Das erste Problem liegt darin, dass beide Projekte gegen die Datenschutzerklärung gegenüber unseren Kunden verstoßen. Wir versprechen immer wieder, dass keine Daten an Partner weitergegeben werden.
Ob wir diese Datenschutzpolitik ändern oder nicht, ist letztlich eine Entscheidung der Geschäftsleitung. Aber wenn wir mit dem Data-Mining der Kundendaten weitermachen, halten wir unsere eigenen Datenschutzregeln nicht mehr ein.
Möglicherweise verstoßen wir damit sogar gegen mehrere Datenschutzvorschriften auf Bundesstaatsebene und setzen uns damit einem Haftungsrisiko aus.
Das zweite Problem ist, dass Sarahs Anbieter das gleiche Datenbanksystem nutzt, das wir für das Kassensystem unserer Cafeteria verwendet haben ...
... und von dem wir wissen, dass es quasi unmöglich ist, es im Produktivbetrieb abzusichern und zu warten, sobald es Teil des täglichen Betriebs wird.

Sarahs Projektmanagement- und Rechnungstools sind mir egal. Wenn es sie produktiver macht, kann sie die Werkzeuge von mir aus benutzen.

Sie sind vermutlich sicher, solange es keine Schnittstellen zu bestehenden Geschäftssystemen gibt, sie keine vertraulichen Daten speichern, nicht die Finanzberichterstattung beeinträchtigen oder etwas anderes in der Richtung.
Aber wenn doch, müssen wir daran beteiligt sein und zumindest bestätigen, dass es sich nicht auf unsere vorhandenen Verpflichtungen auswirkt.
Sehe ich auch so. Soll ich mal einen ersten Entwurf für das Richtliniendokument zu ausgelagerten IT-Services machen?

Perfekt. Wie sollen wir mit Sarah umgehen? Wie können wir Steve vor dem Chaos warnen, das sie mit ihren nicht autorisierten Projekten möglicherweise anrichtet?
Keine Ahnung, warum Steve sie andauernd in Schutz nimmt.

Wir wissen, dass Steve mit Leib und Seele am operativen Geschäft hängt. Er mag Leute, die Strategien entwickeln, weil das nicht seine Stärke ist.
Und wegen Sarahs kreativer Einfälle übersieht Steve leicht ihre Fehler, egal ob die Strategie nun gut ist oder schlecht.
Auf der anderen Seite ist es Sarah schlicht egal, wie viele Leichen ihren Weg pflastern, denn sie möchte die nächste CEO von Parts Unlimited werden.
Und offenbar sieht Steve das auch so. Er zieht sie seit Jahren als seine Nachfolgerin heran.

Was? Sarah könnte unsere nächste CEO werden?
Wow, Chef. Du treibst dich nicht oft beim Kaffeeautomaten rum, oder?

Freitag, 31. Oktober, 23 Uhr 40.
Nachdem Phoenix in eine QA-Testumgebung migriert worden war und alle Tests bestanden hatte, schlug eine kritische Datenbankmigration fehl, während Phoenix in die Produktionsumgebung überführt werden sollte. Das Deployment ist bereits auf den ersten Metern gescheitert ...
Ich kann nicht glauben, dass wir doch wieder irgendwelche Heldentaten vollbringen müssen. Die Datenbankänderungen sind eingespielt und die Skripte ausgeführt. Wir können also kein Rollback mehr durchführen, bevor unsere Ladengeschäfte morgen früh öffnen.
Und wieder müssen wir uns vorwärts durchkämpfen und versuchen, den nächsten Schritt zu machen, damit das Deployment weiterlaufen kann.
Andererseits ist die Stimmung im Vergleich zum letzten Mal deutlich gelassener. Zwar gibt es Spannung und eine Reihe von erhitzten Diskussionen, aber trotzdem sind alle enorm auf die Lösung des Problems konzentriert.
Ich habe bereits alle Filialleiter über unseren Fortschritt informiert. Im schlimmsten Fall können alle auf Handbetrieb umschalten, falls die Kassensysteme bei Geschäftsöffnung noch ausgefallen sind.

Und?
Wir haben unseren Hauptverdächtigen gefunden. Wir haben gerade bemerkt, dass Brent vor ein paar Wochen eine Änderung an einer produktiven Datenbank vorgenommen hat, um ein Business-Intelligence-Modul in Phoenix zu unterstützen.
Niemand hat davon gewusst, geschweige denn es dokumentiert. Dadurch gibt es Konflikte mit Teilen der Phoenix-Datenbankänderungen. Und das heißt, Chris und seine Leute müssen wohl ein bisschen was programmieren.
Scheiße.
Warte mal ... welches Phoenix-Modul?
Eines von Sarahs Projekten, die wir freigegeben haben, nachdem der Projekt-Freeze aufgehoben wurde. Bevor wir Brent hinter dem Kanban versteckt haben, gab es eine Änderung am Datenbankschema, die uns durch die Lappen gegangen sein muss.
Schon wieder Sarah?
Das wird schwierig.
Wir müssen ein paar Datenbankspalten umbenennen, was Auswirkungen auf möglicherweise Hunderte von Dateien und sämtliche Supportskripte haben wird – wer weiß.
Das wird echte Handarbeit, die ziemlich fehleranfällig ist.

Was können wir machen, damit wir vor dem Deployment zumindest einige grundlegende Tests durchführen können?
Das ist sehr, sehr ... heikel.
Wir können testen. Aber die Fehler finden wir vielleicht erst, wenn wir die richtigen Codezeilen erreichen.
Das heißt, es gibt Fehler im produktiven Betrieb, bei denen uns die Applikation einfach um die Ohren fliegt. Es könnte sogar die Kassensysteme in den Geschäften mit in den Abgrund reißen, was sehr schlecht wäre.
Wir haben nur sechs Stunden, um die Arbeit zu erledigen. Und weil die Zeit nicht für alle Tests reicht, müssen wir Abkürzungen nehmen.
Versucht, innerhalb der nächsten 10 Minuten den Zeitplan so anzupassen, dass ihr trotzdem um 6 Uhr fertig seid, damit die Läden rechtzeitig öffnen können und noch eine Stunde Puffer bleibt.
Und wenn wir aus dem Schlamassel raus sind, müssen wir herausfinden, wie wir so etwas in Zukunft verhindern können.
Es darf keinesfalls passieren, dass die Entwicklungs- und QA-Umgebungen nicht mit der Produktionsumgebung übereinstimmen.
Du hast recht. Ich habe zwar keine Ahnung, wie das gehen soll, aber werde jetzt nicht widersprechen.
Unglaublich, dass sich schon wieder alles um Brent dreht.

KAPITEL 29 MONTAG, 3. NOVEMBER

Die Konkurrenz tritt uns in den Hintern. Wir brauchen jeden Vorteil, den wir kriegen können. Um die von dir vorgegebenen Ziele zu erreichen, kann ich nicht länger warten.
Ich bin sicher, dass alle sehr hart daran arbeiten und mit den vorhandenen Mitteln ihr Bestes geben. Aber das reicht einfach nicht.
Wir müssen schnell reagieren können, und dafür müssen wir manche Dinge eben einkaufen, anstatt sie selbst zu bauen.
Ich weiß, dass die IT in der Vergangenheit nicht immer liefern konnte, was du brauchtest, und ich weiß, dass das auf Kosten von Marketing und Sales ging. Aber wir wollen genau wie du, dass das Unternehmen erfolgreich ist.
Das Problem ist, dass einige deiner kreativen Initiativen andere wichtige Unternehmensverpflichtungen gefährden, zum Beispiel die Einhaltung von Gesetzen und Verordnungen zum Datenschutz ...
... sowie die Notwendigkeit, dass wir uns auf Phoenix konzentrieren.
Was du beabsichtigst, könnte zu neuen Problemen mit der Datenintegrität in unseren Auftragserfassungs- und Warenwirtschaftssystemen führen.
Dick, Ron und Maggie haben klargemacht, dass wir diese Daten aufräumen und sauber halten müssen.
Nichts ist wichtiger, als die Wünsche und Bedürfnisse der Kunden zu verstehen. Es geht um das richtige Produktportfolio, um Kundenbindung und letztlich um die Steigerung von Umsatz und Marktanteilen.

Die Unterstützung dieser Projekte bedeutet außerdem einen enormen Arbeitsaufwand.
Wir müssten deinen Dienstleistern Zugriff auf unsere Produktions-datenbanken geben, ihnen das Setup erklären, einen Sack voll Änderun-gen an der Firewall und vermut-lich noch über 100 weitere Schritte vornehmen.
Das ist nicht so einfach wie, eine Rechnung zu unterschreiben.
Sarah scheint es gar nicht zu gefallen, dass ich Dicks Unternehmensziele zitiere, um ihr zu verweigern, was sie will.
Vielleicht habe ich mir gerade einen gefährlichen Feind gemacht.
Wenn Bill das Geschäft so viel besser versteht als ich, warum nennt er uns dann nicht seine Vorschläge?
Sarah, niemand ver-steht besser als du, was dein Geschäftsbereich braucht.
Du hast jedes Recht, diesen Bedarf außerhalb des Unternehmens zu decken, wenn wir nicht liefern können – solange wir die Entscheidung treffen und verstehen, ob und wie andere Teile des Unternehmens gefährdet sein könnten.
Wie wäre es, wenn du, Chris und ich uns regelmäßig treffen, um zu sehen, wie wir uns bei neuen Initiativen gegenseitig helfen können?

Ich bin sehr beschäftigt. Ich kann nicht den ganzen Tag damit verbringen, ein Meeting mit dir und Chris zu veranstalten.
Wie du weißt, muss ich eine ganze Abteilung leiten.
Sarah, du wirst dir die Zeit dafür nehmen.
Ich freue mich darauf, zu hören, wie die Meetings laufen und wie du deine zwei nicht autorisierten IT-Initiativen in den Griff bekommst. Ist das klar?
Ja. Ich versuche doch nur, das Richtige für Parts Unlimited zu tun. Ich werde mein Bestes geben, aber ich bin nicht gerade optimistisch, was das Ergebnis angeht.
Du bindest mir hier wirklich die Hände.
Übrigens hatte ich gestern ein Gespräch mit Bob Strauss. Ich glaube nicht, dass deine Leine so lang ist, wie du denkst.
Bob sagt, wir müssen uns um strategische Alternativen kümmern, zum Beispiel eine Aufspaltung der Firma.
Ich glaube, er hat recht.
KNALL
Machen wir mit dem letzten Punkt auf der Tagesordnung weiter.
Bill, du hast Sorge, dass wir mit Phoenix auf dem falschen Weg sind. Dass die Sache nicht nur schlimmer wird, sondern dass wir die angepeilten Geschäftsziele vielleicht gar nicht erreichen.
Das ist sehr beunruhigend.
Du weißt genauso viel wie ich. Vielleicht hat Erik hierzu noch eine Idee.

Ideen? Für mich ist die Antwort auf euer Problem klar. Beim Ersten Weg geht es vor allem darum, den Arbeitsfluss vom Development zu IT Operations zu kontrollieren.
Ihr habt den Flow verbessert, indem ihr die Projekt-Releases eingefroren und beschränkt habt. Trotzdem sind eure Batch-Größen noch viel zu hoch. Das fehlgeschlagene Deployment von Freitag ist der Beweis.
Außerdem hängt weiterhin zu viel WIP in der Fertigung fest, und zwar von der schlimmsten Art. Eure Deployments sorgen bei nachgeordneten Teams für ungeplante Wiederherstellungsarbeiten.
Jetzt müsst ihr beweisen, dass ihr den Zweiten Weg gemeistert habt, indem ihr beständige Feedback-Schleifen von IT Operations zurück zum Development aufbaut. So ist die Qualität des Produkts von Anfang an sichergestellt.
Dafür sind neunmonatige Release-Zyklen viel zu lang. Das Feedback muss viel schneller kommen. Wenn ihr die Kanone nur alle neun Monate abfeuern könnt, trefft ihr das anvisierte Ziel nie.
Ihr braucht keine Kanonen aus dem Bürgerkrieg, sondern moderne Flugabwehrgeschütze.
In jedem Arbeitssystem wird idealerweise immer nur ein Werkstück durch den Prozess bewegt. Das maximiert den Durchsatz und minimiert Schwankungen. Dies funktioniert, wenn man die Batch-Größen immer weiter reduziert.
Ihr macht aber das Gegenteil, indem ihr die Release-Intervalle für Phoenix in die Länge zieht und die Zahl der Features in jedem Release erhöht.
Angesichts der Investitionen, die ihr in die Virtualisierung eurer Produktionssysteme gesteckt habt, ist das geradezu lächerlich. Ihr deployt immer noch, als wären das physikalische Server.
Wie Sensei Goldratt sagen würde: »Ihr habt großartige Technologie eingeführt. Aber ohne eure Arbeitsweise zu ändern, wird der Engpass nicht wirklich reduziert.«

Niemand versteht, wovon Erik da redet, und ich auch nicht.
Der letzte Phoenix-Ausfall wurde durch eine Änderung an einem produktiven Datenbankserver ausgelöst, die in den vorgelagerten Umgebungen nicht repliziert wurde.
Wir sollten die Deployments pausieren, bis wir wissen, wie wir die Umgebungen synchronisiert bekommen. Das bedeutet, die Releases zu verlangsamen, oder?
Bill, das ist eines der schlauesten Dinge, die ich im ganzen Monat gehört habe …
… und gleichzeitig eines der **dümmsten**.
Erik, kannst du nicht einfach sagen, was du denkst? Für dich ist das vielleicht ein lustiges Spiel, aber wir müssen hier ein Unternehmen retten.
Denke wie ein Werksleiter. Wenn du siehst, dass sich Arbeit rückwärts bewegt, was sagt dir das?
Bestenfalls bewegt sich die Arbeit nur in eine Richtung: vorwärts. Wenn ich Arbeit sehe, die sich in die andere Richtung bewegt, dann denke ich: »Verschwendung!«
Das könnte an Mängeln liegen, an fehlenden Spezifikationen oder an Nacharbeiten …
Unabhängig davon ist das etwas, das wir beheben müssen.
Ausgezeichnet. Das glaube ich auch.
Die Arbeit sollte nur vorwärts fließen. Schafft für die IT-Abteilung ein Arbeitssystem, das genau das tut. Und denke daran: Das Ziel ist, jeweils genau ein Werkstück zu bearbeiten.

Zufälligerweise löst das auch das Problem, über das du dir mit Dick den Kopf zerbrochen hast, Bill.
Eine unvermeidliche Konsequenz langer Release-Zyklen ist, dass ihr eure Zielwerte für die interne Rendite nie erreicht, wenn ihr die Personalkosten mit einrechnet.
Ihr braucht kürzere Zyklen. Und wenn Phoenix euch daran hindert, dann findet heraus, wie ihr die Features auf andere Weise bereitstellen könnt.
Ohne das wie Sarah zu machen, versteht sich.
Um das zu schaffen, muss Brent an vorderster Stelle stehen.
Brent muss so früh wie möglich am Entwicklungsprozess beteiligt werden. Bill, du solltest das noch am ehesten hinbekommen.
Viel Glück, Leute.

Hat jemand noch weitere Ideen oder Vorschläge?
Wie ich schon ausgeführt habe, sind selbst kleinere Bugfix-Releases für Phoenix so problematisch, dass wir es uns nicht leisten können, sie monatlich durchzuführen.
Egal was Erik sagte – ich glaube, dass wir unseren Release-Plan verlangsamen müssen. Ich schlage ein Release alle zwei Monate vor.
Inakzeptabel.
Wir haben im letzten Quartal fast alle Ziele um Meilen verfehlt. Das wird unser fünftes erfolgloses Quartal in Folge sein – und zwar nachdem wir die Erwartungen der Wall Street gesenkt haben.
Unsere ganze Hoffnung hängt jetzt an der Fertigstellung von Phoenix. Und da sagst du mir, wir müssen sogar noch länger warten, bis wir die benötigten Features bekommen, während die Konkurrenz an uns vorbeizieht?
Unmöglich.
Es mag für dich »unmöglich« sein, aber meine Entwickler müssen neue Features bauen. Sie können nicht ständig durch Deployment-Probleme an Bills Team gebunden sein.
Dieses Quartal fällt die Entscheidung. Wir haben der Welt versprochen, Phoenix im letzten Monat rauszubringen. Aber wegen der ganzen verschobenen Features erzielen wir nicht die Vertriebseffekte, die wir erwartet haben.
Jetzt ist schon über ein Monat des Quartals vorbei, und die Weihnachtssaison beginnt in weniger als 30 Tagen. Uns läuft die Zeit davon.

Chris, wenn du sagst, das Phoenix-Team müsse langsamer machen, werde ich dir nicht widersprechen.
Trotzdem müssen wir herausfinden, wie wir erreichen können, was Steve braucht.
Wie Erik schon sagte, können wir das nicht innerhalb des Phoenix-Frameworks tun. Aber vielleicht geht es außerhalb von Phoenix.
Ich schlage vor, wir gründen eine Spezialeinheit, indem wir eine kleine Gruppe vom Phoenix-Team abspalten. Die soll dann herausfinden, welche Features uns so schnell wie möglich beim Erreichen unserer Umsatzziele helfen können.
Wir haben nicht viel Zeit. Deshalb müssen wir die Features sorgfältig auswählen. Und wir sagen dem Team, dass es alle Regeln brechen darf, damit sie rechtzeitig fertig werden.
Wir versuchen, den Kunden wirklich dabei zu helfen, mehr von uns zu kaufen – und das dank Phoenix auch schneller.
Aber wir müssen uns auf Kundenempfehlungen konzentrieren und dabei der Marketingabteilung Promotion-Werkzeuge an die Hand geben, denn diese Vertriebs-Features hängen immer noch fest.
Wir habe über Jahre diverse Daten zum Kaufverhalten unserer Kunden gesammelt, und durch unsere markeneigenen Kreditkarten kennen wir auch ihre demografischen Merkmale und Vorlieben.
Das Marketing hat mir versichert, dass es ein paar wirklich attraktive Angebote für unsere Kunden gestalten kann, sobald diese Features endlich zur Verfügung stehen.
Weißt du was? Das könnte sogar funktionieren.

KAPITEL 30 MONTAG, 3. NOVEMBER

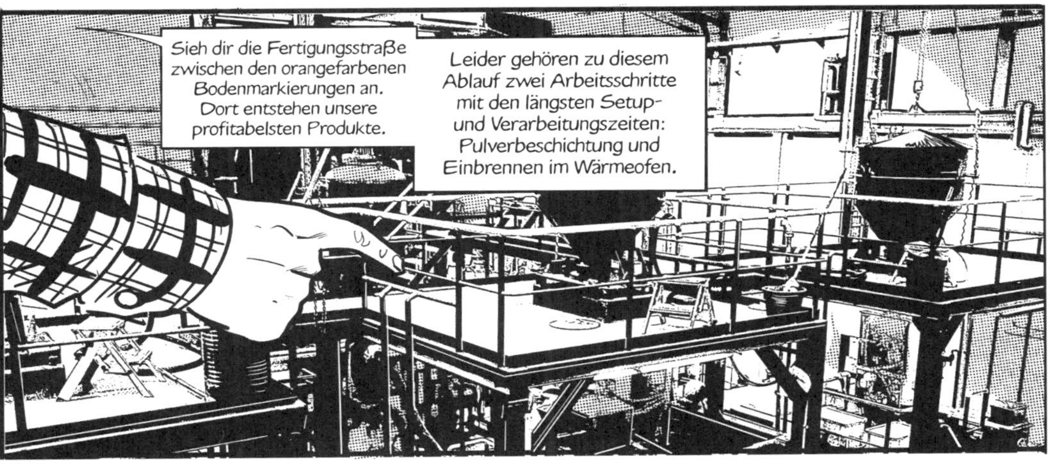
Sieh dir die Fertigungsstraße zwischen den orangefarbenen Bodenmarkierungen an. Dort entstehen unsere profitabelsten Produkte.
Leider gehören zu diesem Ablauf zwei Arbeitsschritte mit den längsten Setup- und Verarbeitungszeiten: Pulverbeschichtung und Einbrennen im Wärmeofen.

Früher dauerte ein Zyklus für diese beiden Schritte so viel länger als die Taktzeit, dass wir die Nachfrage nie erfüllen konnten.
Die profitabelsten Produkte waren auf unsere beiden Engpässe angewiesen: den Wärmeofen und die Lackierkabinen! Was konnten wir tun? Die Setup-Zeit pro Auftrag betrug Stunden, manchmal sogar Tage.
Wir mussten riesige Batch-Größen verwenden, um die Nachfrage zu erfüllen. Dabei war uns klar, dass wir die Batch-Größen verringern müssten, um den Durchsatz zu verbessern. Aber alle meinten, das wäre nicht machbar.
Wir brauchten kleinere Batch-Größen. Nach wochenlanger Zusammenarbeit mit der Entwicklungsabteilung …
… fassten wir das Beschichten und Einbrennen mithilfe von Fahrradteilen in einer Maschine zusammen. Dadurch konnten wir 30 fehleranfällige Arbeitsschritte einsparen, den Arbeitszyklus automatisieren und einen Flow mit zeitgleich nur einem Werkstück erreichen.
Das erhöhte den Durchsatz, verringerte Fehler und WIP und reduzierte die Vorlaufzeit von einem Monat auf weniger als eine Woche. Und wir konnten ohne übermäßige Lagerbestände genau das bauen, was die Kunden wollten.

Jetzt bist du dran. Finde heraus, wie du die Übergabezeiten verringern kannst und so einen schnelleren Bereitstellungszyklus erreichst.
Ich denke, das Ziel sollten zehn Deployments pro Tag sein.
Völlig unmöglich.
2009 war ich Vorstandsmitglied bei einem Technologieunternehmen. Einer unserer Engineers besuchte die Velocity-Konferenz und kam mit einer Menge gefährlicher, unmöglicher Ideen zurück.
Er sah eine Präsentation von John Allspaw und Paul Hammond, die seine Denkweise revolutionierte.
Bei Flickr arbeiteten Operations und Engineering zusammen, um zehn Deployments pro Tag zu erreichen. Das war 1.000-mal schneller als der vierteljährliche oder jährliche Deployment-Standard in den meisten IT-Unternehmen.
Wie haben sie das geschafft?
Allspaw brachte uns Folgendes bei: Wenn Dev und Ops mit Qualitätssicherung und Geschäftsleitung zusammenarbeiten, bilden sie eine Art Super-Team, das außergewöhnliche Dinge erreichen kann.

Sie wussten, dass Code erst Wert eneriert, wenn er in der Produktion ist. onst ist er einfach WIP, das im System festhängt. Er reduzierte die Batch-Größe immer weiter und sorgte so für einen schnellen Fluss der Features.
Das erreichte er zum Teil, indem er sicherstellte, dass die Umgebungen bei Bedarf immer verfügbar waren.
Er automatisierte den Build- und Deployment-Prozess und erkannte, dass auch Infrastruktur als Code behandelt werden konnte – wie eine vom Development bereitgestellte Applikation.
So konnte er die Erstellung von Umgebungen und das Deployment in einer Prozedur zusammenfassen – genau wie wir mit unserem Einschrittverfahren für die Pulverbeschichtung und das Einbrennen.
Damit sollte dein nächster Schritt klar sein: Erstelle eine **Deployment-Pipeline**, die vom Code-Check-in bis zum produktiven Betrieb reicht.
Stell alles unter Versionsverwaltung und automatisiere die Erstellung von Umgebungen. So kannst du bei Bedarf sofort deployen und das Bereitstellungstempo anpassen. Dadurch reduzierst du die Einrichtungszeiten und beseitigst Fehler.
Moment. Was genau soll ich automatisieren?

Geh und frage Brent. Weise ihn der Spezialeinheit zu und sorge dafür, dass er konzentriert bleibt.
Solange die Build-Prozesse nicht automatisiert sind, ist er deine Engstelle.
Codiere sein Wissen in die Prozeduren, automatisiere die Deployments und versuche, zehn Deploys pro Tag zu erreichen.
Zehn Deployments am Tag? Ich bin ziemlich sicher, dass niemand das braucht. Legst du die Messlatte hier nicht höher, als für das Unternehmen nötig ist?
Konzentriere dich auf die Agilität des Unternehmens, nicht nur auf das Deployment-Tempo. Es geht darum, Marktveränderungen zu erkennen, kleine Risiken einzugehen und beständig zu experimentieren.
Features sind ein Glücksspiel. Du musst sie schnell ausliefern und testen, um gegen Mitbewerber zu gewinnen und schneller geschäftlichen Nutzen zu erzielen.
Steve wettet sein gesamtes Überleben auf deine Fähigkeit, neue Features schneller umzusetzen und bereitzustellen.
Mach dich mit Chris an die Arbeit, um sicherzustellen, dass du bei jedem Schritt des agilen Entwicklungsprozesses nicht nur auslieferbaren Code, sondern auch eine funktionierende Umgebung hast, in der er deployt werden kann.
Okay, okay. Aber warum hast du mich dafür extra durch die klirrende Kälte hierher gezerrt? Hätte es nicht gereicht, das auf einem Whiteboard zu erklären?
Du glaubst, verglichen mit der Herstellung von Produkten wäre IT Operations Raketenwissenschaft.
Aus meiner Sicht waren die Menschen in diesem Gebäude deutlich kreativer und mutiger als irgendetwas, das ich bisher von euch ITlern gesehen habe.

KAPITEL 31 MONTAG, 3. NOVEMBER

Was haltet ihr davon, dem Marketing eigene Änderungen an Kontext- oder Geschäftsregeln oder schnellere Experimente und A/B-Tests zu ermöglichen, um zu sehen, welche Angebote am besten funktionieren?
Merkt euch meine Worte. Das kann nicht gehen.
Wir haben es hier mit Physik zu tun. Vergesst die aktuellen Vorbereitungs- und Deploy-Zeiten – man kann Bits nicht beliebig schnell auf eine Platte schreiben.
Vielleicht hast du recht, aber versuche, mir einen Moment zu folgen …
Wie viele Schritte hat der gesamte Deployment-Prozess vom Anfang bis zum Ende im Moment? Reden wir von 20 Schritten oder 200 oder 2.000?
Was meinst du, Brent? Ich würde sagen, etwa 100 Schritte.
Wirklich? Ich hätte eher auf so 20 Schritte getippt.
Wenn wir dort anfangen, wo Development den Code committet, und wir das als »Release-Kandidat« bezeichnen, fallen mir schon etwa 100 Schritte ein, bevor wir den Code überhaupt an IT Operations übergeben.
Oh-oh!
Nein, nein, nein. Bill sagte »Deployment-Schritte«. Lasst uns hier nicht die Büchse der …
Ihr habt beide recht. William, würdest du bitte alle Schritte an das Whiteboard schreiben?
Ich schlage vor, wir fangen bei »Code committet« an und hören bei der Übergabe an unsere Gruppe auf.

Es gibt automatisierte Tests, die in der Dev-Umgebung ausgeführt werden; es muss eine QA-Umgebung erstellt werden, die zur Dev-Umgebung passt; der Code muss dorthin deployt werden; alle Tests müssen ausgeführt werden ...
Dann muss der Code in eine frische Staging-Umgebung deployt und migriert werden, die zur QA-Umgebung passt, dann Load-Tests, und schließlich wird der Staffelstab an IT Operations weitergegeben.
Brent, am besten machst du da weiter, wo William aufgehört hat.
Der Code muss für das Deployment verpackt werden; neue Serverinstanzen müssen angelegt werden; Betriebssystem, Datenbanken und Applikationen müssen geladen und konfiguriert werden ...
... dazu kommen all die Änderungen an Netzwerken, Firewalls und Load-Balancern – und dann weitere Tests, um sicherzustellen, dass das Deployment erfolgreich war.
Das Diagramm erinnert mich an die Fabrikhalle, wobei jeder Schritt für eine Arbeitsstation steht.
IT-Arbeit ist komplexer als die Herstellung von Waren. Die Arbeit ist unsichtbar, und zahllose Dinge können fehlschlagen, wie Konfigurationen, Speicher, Dateiablage und Code.
Ein Fehler kann alles zum Absturz bringen.

Ich markiere jeden Schritt, mit dem wir bei früheren Launches Probleme hatten, mit einem Stern.
Weil keine frische QA-Umgebung verfügbar war, haben wir eine alte Version benutzt ...
Wegen der vielen fehlgeschlagenen Tests haben wir Code- und Umgebungsänderungen an der QA-Umgebung vorgenommen, die es nie zurück in die Dev- und Produktionsumgebungen geschafft haben.
Und weil wir die Umgebungen nie synchronisiert haben, hatten wir beim nächsten Mal die gleichen Probleme noch einmal.
Ohne die korrekten Deployment-Anweisungen haben wir fünf Versuche gebraucht, um die Packaging- und Deployment-Skripte richtig hinzubekommen.
Das flog uns dann in Production um die Ohren, weil, wie gesagt, die Umgebung falsch gebaut war.
Ich will niemandem die Schuld geben oder sagen, wir hätten schlechte Arbeit gemacht. Ich versuche nur, aufzuschreiben, was genau wir tun, um jeden Schritt messbar zu machen.
Bekämpfen wir das Problem am Whiteboard als Team. Wir sollten nicht versuchen, die Schuld bei anderen zu suchen, okay?

Das erinnert mich an etwas, das die Leute in der Fertigungsstätte benutzt haben. Wenn jetzt einer von denen hereinkäme, würde er denken, wir bauten hier eine »**Wertstromanalyse**«.
Kann ich noch etwas ergänzen?
Für jedes Feld schreibe ich dazu, wie lange der Schritt jeweils dauert.
Dann markiere ich mit einem Dreieck, ob die Arbeit bei diesem Schritt normalerweise warten muss. Das steht also für »Work in Progress«.
Verdammt. Für Patty ist die Ähnlichkeit zwischen unseren Deployments und der Fertigungsstrecke keine Theorie. Sie behandelt unser Deployment, als sei es eine wirkliche Fertigungsstraße.
Ich nutze die Lean-Werkzeuge und -Techniken, die die Leute aus der Herstellung zur Dokumentation und zur Verbesserung ihrer Prozesse verwenden.
Das ist unser Wertstrom. Und ich bin mir sicher, dass wir kurz davor sind, herauszufinden, wie wir den Arbeitsfluss durch das System dramatisch steigern können.

Bei unserem aktuellen Prozess haben wir zwei wiederkehrende Probleme: Umgebungen sind nie verfügbar, wenn sie gebraucht werden, und es sind erhebliche Anpassungen nötig, um sie zu synchronisieren. Richtig?
* UMGEBUNGEN
* DEPLOYMENT
Keine Extrapunkte für das Wiederholen des Offensichtlichen. Aber recht hast du trotzdem.
Eine weitere unübersehbare Quelle für nachträgliche Anpassungen ist der Prozess, wenn Operations aus dem, was Development eincheckt, Deployment-Pakete baut.
Und obwohl Chris' Team alles dokumentiert, gehen immer wieder Details verloren. Das fällt erst dann auf, wenn der Code nach dem Deployment nicht funktioniert, stimmt's?
Völlig richtig. William kennt diese Probleme vermutlich auch – veraltete Release-Anweisungen, die uns zwingen, uns irgendwas auszudenken, Installationsskripte zu schreiben und wiederholt neu zu installieren.
Stimmt!
Dann schlage ich vor, wir kümmern uns um diese beiden Bereiche. Ideen?
Vielleicht können William und ich gemeinsam ein Handbuch erstellen, das alle Erkenntnisse zusammenfasst, die wir aus unseren Fehlern gelernt haben.

Es funktioniert nicht, wenn die Gruppen die Umgebungen irgendwie zusammenschustern. Wir brauchen Automatisierung, um die »zehn Deploys pro Tag« zu erreichen.
Brent, wie können wir einen Prozess schaffen, um die Dev-, QA- und Produktionsumgebungen gleichzeitig zu bauen und zu synchronisieren?
Interessante Idee.
Und eigentlich sogar ziemlich schlau. Eine gemeinsame Build-Prozedur würde den Entwicklern ermöglichen, Code unter Produktionsbedingungen zu schreiben. Allein das wäre schon eine große Verbesserung.
Zum Aufbau der Phoenix-Umgebung nutzen wir eine Reihe von Skripten. Mit etwas Dokumentation und Aufräumarbeiten bekommen wir in ein paar Tagen etwas Brauchbares hin, da bin ich mir sicher.
DEV
QA
PRODUCTION
Chris, das sieht vielversprechend aus. Standardisierte Umgebungen über Development, QA und Operations hinweg würden die meisten Deployment-Probleme lösen.
Brent, wenn es für dich und die anderen in Ordnung ist, möchte ich dich gern zu unseren Sprints einladen, um die Umgebungserstellung möglichst früh in die Entwicklung zu integrieren.
Ich schlage vor, unsere Anforderungen zu ändern – jeder Drei-Wochen-Sprint sollte sowohl deployfähigen Code als auch die dafür nötige Umgebung bereitstellen, natürlich alles unter Versionskontrolle.
Da bin ich vollkommen deiner Meinung.
DEV

Bevor wir weitermachen, sollten wir Pattys zweite Sorge besprechen – die Deployment-Skripte.
Selbst mit den Vorschlägen von Chris müssen wir das Problem lösen, wie Code in frische Umgebungen deployt wird. Im Moment spielen wir mit Code und Skripten nur Pingpong zwischen den Gruppen.
In der Fabrikhalle steht Rückwärts-bewegung für Nacharbeit.
Das ist ein Indiz für mangelnde Dokumentation und schlechten Informationsfluss. Dadurch sind die Prozesse nicht reproduzierbar und zerfallen, je schneller wir werden.
Das nennt man »nicht wertschöpfend« oder einfach »Verschwendung«.
Die Neugestaltung des Prozesses erfordert von Anfang an die richtigen Leute – ähnlich wie im Produktions-Engineering – und optimiert sowohl die Teile als auch die Fertigungslinien für den »Nur ein Werkstück«-Fluss.
William und Brent, ihr steht dabei in vorderster Linie. Wie würdet ihr unsere »Fertigungsstraße« entwerfen, damit keine Arbeit mehr rückwärts läuft und der Fluss sich schnell und effizient nach vorne bewegt?

Wenn ich zaubern könnte, würde ich diesen Code-Commit ändern.
Anstatt vom Development Quellcode oder kompilierten Code aus der Versionskontrolle zu bekommen, hätte ich lieber verpackten Code, der schon deployfähig ist.
Das ist mir so wichtig, dass ich freiwillig die Package-Erstellung übernehmen würde, also verpackten Code zu erzeugen und zu committen, sobald er »testreif« ist, was dann ein automatisches Deployment zu QA auslösen würde.
CODE-COMMIT
Wow, das würdest du wirklich tun? Das wäre großartig.
Ich wäre einverstanden – es sei denn, Brent möchte das Packaging lieber weiter selbst übernehmen.
Machst du Witze? Die Idee ist großartig!
Und ich möchte dabei helfen, die neuen Deployment-Werkzeuge zu bauen. Wie gesagt, ich habe schon ein paar Tools, die wir als Startpunkt verwenden können.
Ich kann die Energie und die Aufregung im Raum förmlich spüren. Erstaunlich, wie schnell wir von »10 Deploys pro Tag sind unmöglich!« zu »Wie lange brauchen wir dafür?« gekommen sind.
Einen Moment. Bei diesem gesamten Phoenix-Modul geht es um Einkaufsdaten von Kunden, die geschützt werden müssen.
Sollte nicht auch jemand aus Johns Team an dieser Aufgabe beteiligt sein?
Ja. Unbedingt!

KAPITEL 32 MONTAG, 10. NOVEMBER

Bill befindet sich mitten in einem Finanzplanungsmeeting, als er unerwartet von Wes herausgerufen wird ...
Wir haben ein großes Problem.
Was ist los?
Brent ist seit zwei Tagen verschwunden. Hast du eine Ahnung, wo er steckt?
Moment, was soll das heißen, er ist verschwunden? Geht es ihm gut? Du hast versucht, ihn auf dem Handy zu erreichen, oder?
Natürlich habe ich das. Ich habe ihm stündlich Voicemails hinterlassen.
Alle haben versucht, ihn zu finden. Uns steht die Arbeit bis zum Hals, und seine Teamkollegen drehen am Rad ...
KLINGEL
Heilige Scheiße, das ist Brent! Warte mal ...
Wo zur Hölle warst du? Alle suchen nach dir! Nein ... nein ... Des Moines? Was machst du da? Niemand hat mir etwas gesagt ... ein Geheimauftrag von Dick und Sarah? Was zur ...?
Oh oh. Was hat Sarah jetzt schon wieder angerichtet?
Sage Brent, ich rufe ihn sofort an.

Hallo Bill.
Kannst du mir bitte sagen, was da los ist und was du in Des Moines machst?
Dick und das Finanzteam haben mich gestern Morgen praktisch zur Tür hinausgedrängt, damit ich mich an einer Taskforce beteilige, die einen Plan zur Aufspaltung des Unternehmens entwickelt.
Sie nennen es »Projekt Talon«.
Anscheinend hat das Projekt höchste Priorität, und sie müssen wissen, welche Auswirkungen das auf sämtliche IT-Systeme hat.
Unglaublich, dass Dick und Sarah eine meiner wichtigsten Ressourcen abgezogen haben, ohne auch nur danach zu fragen!
Brent, hör zu, deine oberste Priorität besteht darin, herauszufinden, was deine Unicorn-Kollegen brauchen, und es ihnen zu beschaffen.
Ich werde mit Steve sprechen, und dann buchen wir dir einen Rückflug.
Okay ... Was ist eigentlich los?

Es ist ganz einfach, Brent. Unicorn ist unsere letzte Hoffnung, die Quartalszahlen noch zu erreichen. Nur ein weiterer Fehler, und der Aufsichtsrat spaltet die Firma, und dann kannst du der Taskforce sicher helfen.
Wenn wir unsere Zielvorgabe aber erreichen, haben wir eine Chance, das Unternehmen noch zusammenzuhalten. Steve hat klargemacht, dass das für uns absoluten Vorrang hat.
Alles klar. Sag mir einfach, wo du mich brauchst, und ich mache mich sofort auf den Weg. Die Diskussion mit »denen da oben« überlasse ich dir.

Ich muss mit Steve sprechen.
Das hoffe ich jedenfalls.
Wenn wir Brent nicht in Vollzeit zurückbekommen, ist Unicorn am Ende. Und das heißt vermutlich, dass wir einen neuen CEO bekommen, outgesourct werden und herausfinden dürfen, wie das Unternehmen aufgeteilt werden kann.
Meinst du, Steve unterstützt uns gegen Dick und Sarah?

Fünf Minuten später trifft Bill in Steves Büro in Gebäude 2 ein ...
Ich vermute, du bist hier, weil du schlechte Nachrichten für mich hast.
Brent wurde von Dick und Sarah abgezogen, um dabei zu helfen, die Voraussetzungen für eine Aufspaltung der Firma zu ermitteln.
Was?! Der Aufsichtsrat hat mir versichert, dass sie die Aufspaltungspläne nicht weiterverfolgen, bis wir wissen, wie dieses Quartal ausfällt.
Vermutlich haben sie die Geduld verloren.
Welche Auswirkungen hat es auf Unicorn, wenn Brent nicht mehr an Bord ist?
Ich habe mit Chris, Wes und Patty gesprochen. Ohne Brent wäre Projekt Unicorn schlicht nicht machbar.
Auch wenn ich von Natur aus skeptisch bin, glaube ich, dass Unicorn funktionieren wird.
Es sind nur noch zwei Wochen bis Thanksgiving, und Brent besitzt entscheidende Fähigkeiten. Seine Durchbrüche werden sogar schon von Phoenix kopiert.
Ohne ihn haben wir keine Chance, unsere Unicorn-Verkaufs- und Gewinnzahlen zu erreichen.

Und was passiert, wenn du Brent durch die nächstbeste Person ersetzt?
Brent ist ziemlich einmalig.
Unicorn braucht jemanden, der von den Entwicklern respektiert wird, der unsere gesamte IT-Infrastruktur versteht und der die Entwickler beim Aufbau von beherrschbaren und funktionsfähigen Systemen anleiten kann.
Das sind seltene Fähigkeiten, die aktuell kein anderer besitzt.
Was wäre, wenn du deine zweitbeste Person Dicks Taskforce zuweist?
Dann wird die Planung für die Aufspaltung vermutlich nicht ganz so genau, könnte aber trotzdem sauber beendet werden.
Hol Brent zurück. Ich kümmere mich um den Rest.

KAPITEL 33 DIENSTAG, 11. NOVEMBER

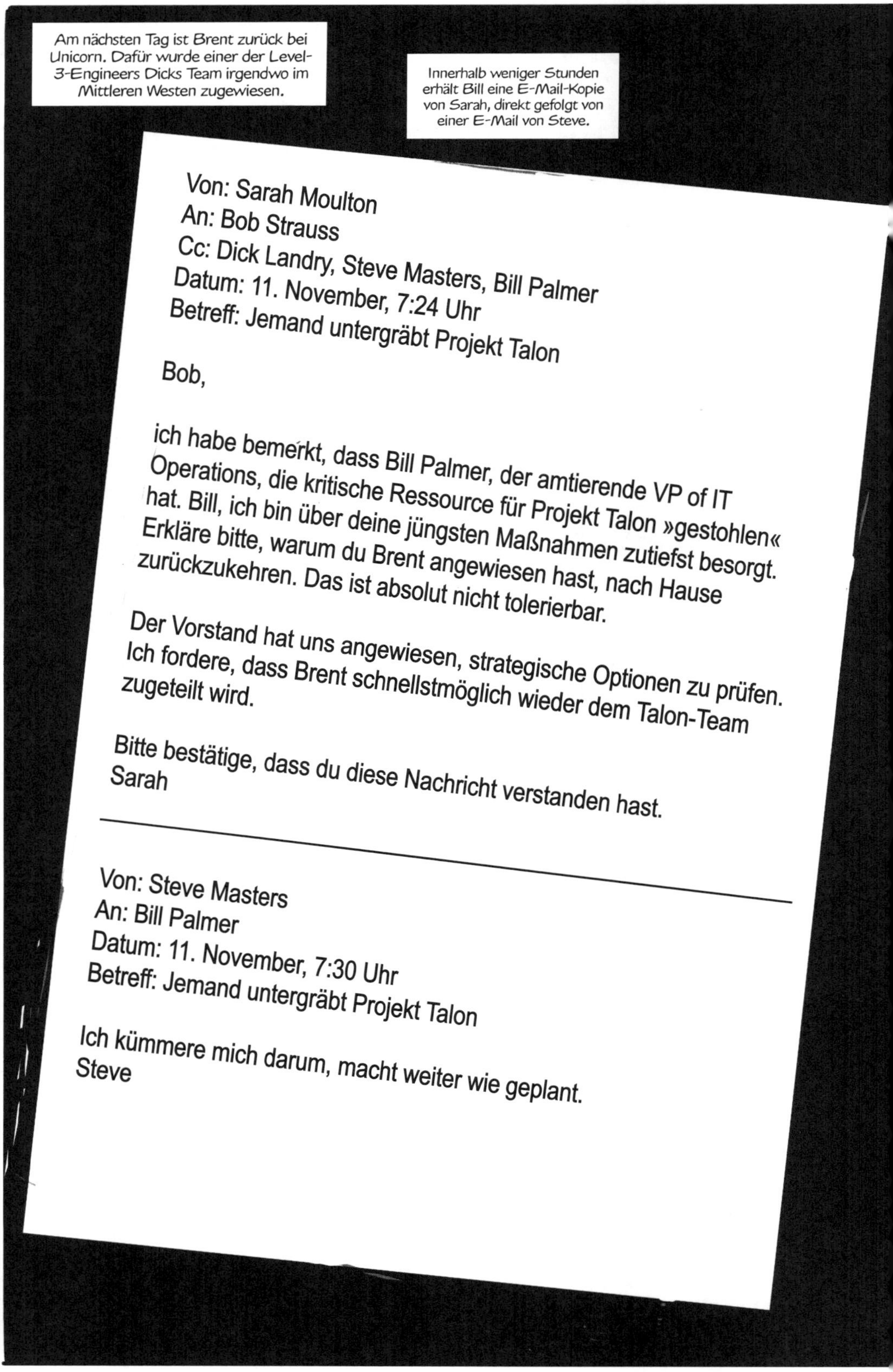

Später beim täglichen Unicorn-Standup-Meeting ...
Die gute Nachricht: Wir haben erfolgreich unseren ersten Report zu den Kunden-Promotions erzeugt.
Die schlechte Nachricht: Der Code läuft 50-mal langsamer als erwartet. Ein Clustering-Algorithmus parallelisiert nicht richtig. Dadurch brauchen die Vorhersageläufe selbst für kleine Datensätze über 24 Stunden.
Können wir das nicht per Brute Force machen? Einfach mehr Hardware an das Problem dranschmeißen? Mit genug Servern können wir die Laufzeiten runterkriegen.
In der Budgetplanung sind nur 20 der schnellsten Server vorgesehen, die wir finden konnten. Du bräuchtest über 1.000 Server, um die Laufzeiten auf das nötige Level zu bekommen. Das ist über eine Million Dollar nicht budgetiertes Kapital!
Wir benötigen keine neue Hardware. Wir haben diesen ganzen Aufwand betrieben, um Deployment-fähige Images zu erstellen. Warum schieben wir die nicht einfach in die Cloud?
Wir könnten ganz nach Bedarf Hunderte oder Tausende Rechnerinstanzen hochfahren und sie wieder einstampfen, wenn wir fertig sind. Dann bräuchten wir nur für die verbrauchte Rechenzeit zu zahlen.

Das könnte gehen. Die meisten Umgebungen nutzen bereits Virtualisierung. Die Konvertierung für einen Cloud-Anbieter sollte nicht so schwierig sein.
Eigentlich würde es mir sogar Spaß machen – das wollte ich sowieso schon immer mal probieren.
Brent, stell ein kleines Team zusammen, das einen schnellen Prototyp baut. So sehen wir, ob das überhaupt möglich ist.
Ich schaue mir die Preise an und spreche mit ein paar Bekannten in der Branche. So kriege ich heraus, ob das schon mal jemand gemacht hat und welche Anbieter empfehlenswert sind.
Wenn wir Kundendaten in die Cloud schicken, ist das nicht ohne Risiko. Persönliche Daten könnten versehentlich preisgegeben werden, oder eine nicht autorisierte Person könnte sich in die Server hacken.
Wichtiger Gedanke. Kannst du eine Liste der deiner Meinung nach wichtigsten Risiken aufstellen? Und dazu am besten eine Liste der nötigen Kontrollen und Gegenmaßnahmen.
Klar. Kann ich mir einen Entwickler schnappen, mit dem ich daran arbeite?
Ich kann helfen.

Eine Woche später. Zeit für die nächste Demo …
Unglaublich, was wir alles geschafft haben! Durch unsere Automation war die Cloud-Migration überraschend einfach.
Das funktioniert so gut, dass wir unsere In-House-Systeme vielleicht nur noch für das Testing benutzen und den produktiven Code komplett in der Cloud laufen lassen.
Jeden Abend fahren wir Hunderte von Instanzen für das Reporting hoch und schalten sie danach wieder ab. Das hat jetzt vier Tage lang ausgezeichnet funktioniert.

Dies sind die Werbeanzeigen, die Unicorn für mein Kundenkonto erzeugt hat. Es hat sich meine Kaufhistorie angesehen und mich dann darüber informiert, dass Winterreifen und Batterien aktuell 15 % weniger kosten.
Ich bin dann tatsächlich auf unsere Website gegangen und habe beides gekauft, weil ich die Sachen brauchte. Das Unternehmen hat gerade Geld verdient, denn das sind alles Artikel mit hohem Lagerbestand und einer großen Profitmarge.

Na, das ist wirklich hervorragend.

Diese Angebote und viele mehr sind bereits im Phoenix-System und warten nur noch auf die Promotion-Funktionalität, um sie letztlich an die Kunden auszuspielen.
Ich würde gern eine E-Mail-Kampagne bei einem Prozent unserer Kunden durchführen, um zu sehen, was passiert. Thanksgiving ist in einer Woche.
Wenn wir nach ein paar Versuchen merken, dass alles funktioniert, könnten wir am Black Friday, einem der umsatzstärksten Tage im Jahr, voll durchstarten.

Klingt nach einem guten Plan.
Wes, spricht irgendetwas dagegen?
Aus operativer Sicht spricht nichts dagegen. Die ganze Schwerstarbeit ist schon erledigt.
Wenn Chris, William und Marketing zuversichtlich sind, dass der Code funktioniert, würde ich sagen: Legt los.

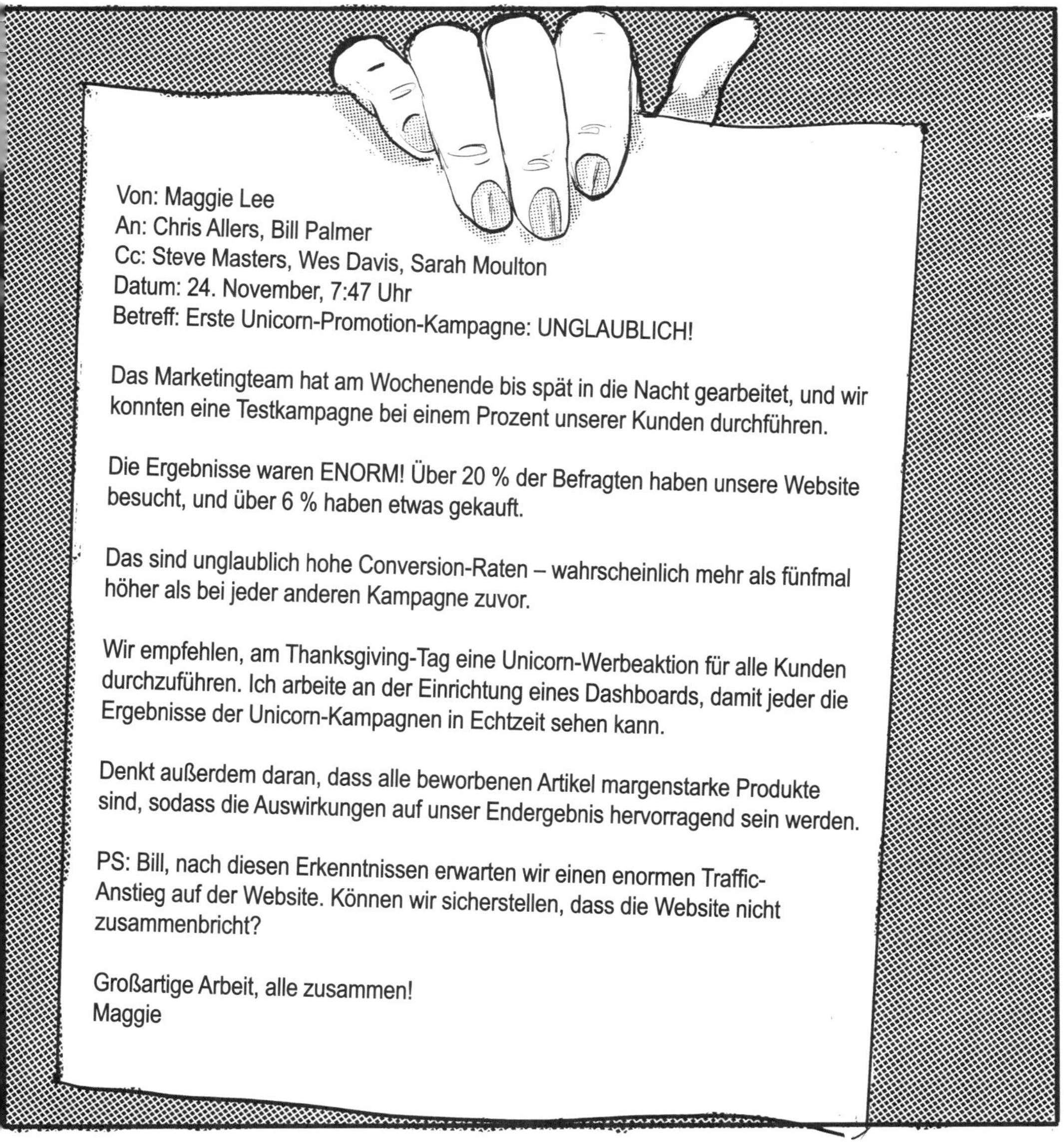

Von: Maggie Lee
An: Chris Allers, Bill Palmer
Cc: Steve Masters, Wes Davis, Sarah Moulton
Datum: 24. November, 7:47 Uhr
Betreff: Erste Unicorn-Promotion-Kampagne: UNGLAUBLICH!

Das Marketingteam hat am Wochenende bis spät in die Nacht gearbeitet, und wir konnten eine Testkampagne bei einem Prozent unserer Kunden durchführen.

Die Ergebnisse waren ENORM! Über 20 % der Befragten haben unsere Website besucht, und über 6 % haben etwas gekauft.

Das sind unglaublich hohe Conversion-Raten – wahrscheinlich mehr als fünfmal höher als bei jeder anderen Kampagne zuvor.

Wir empfehlen, am Thanksgiving-Tag eine Unicorn-Werbeaktion für alle Kunden durchzuführen. Ich arbeite an der Einrichtung eines Dashboards, damit jeder die Ergebnisse der Unicorn-Kampagnen in Echtzeit sehen kann.

Denkt außerdem daran, dass alle beworbenen Artikel margenstarke Produkte sind, sodass die Auswirkungen auf unser Endergebnis hervorragend sein werden.

PS: Bill, nach diesen Erkenntnissen erwarten wir einen enormen Traffic-Anstieg auf der Website. Können wir sicherstellen, dass die Website nicht zusammenbricht?

Großartige Arbeit, alle zusammen!
Maggie

Ausgezeichnet. Tu dich mit Wes zusammen, um herauszufinden, wie wir die Traffic-Spitzen abfangen können.
Wir haben nur drei Tage, um das fertigzustellen. Das ist ziemlich knapp. Ich möchte es nicht vermasseln und mögliche Kunden in Hater verwandeln.
Alles klar. Verstanden!
Bist du bereit, über eine Lösung aller SOX-404- und Unicorn-Sicherheitsprobleme zu sprechen?
Ich bin begeistert, wie schnell wir die Sicherheitsfixes für Unicorn integriert haben! Verglichen mit Phoenix, war das ein Klacks. Ein Problem haben wir in einer Stunde gelöst, für das wir vorher ein oder zwei Tage gebraucht hätten.
Bei Phoenix fühlte sich die Fehlerbehebung eher wie eine Wurzelbehandlung ohne Narkose an! Normalerweise würden wir ein Quartal auf bedeutende Änderungen warten, und der Aufwand, eine Notfallkorrektur durchzuführen, war viel zu groß.
Im Ernst. Das Patching ist so einfach, weil wir fast alles in Production auf Knopfdruck neu bauen können. Wenn etwas kaputtgeht, läuft der Build einfach noch mal komplett durch.
Fantastisch, was wir mit den schnellen Unicorn-Zyklen alles schaffen. Während Phoenix vierteljährliche Deployments hat, haben wir über 20 Unicorn-Deployments in gerade einmal fünf Wochen durchgeführt.
Das fühlt sich fast an wie Routine. Wie du gesagt hast: Das ist das Gegenteil von Phoenix.

Zu Bills großer Überraschung verläuft die Woche reibungslos. Bevor sich am Mittwoch alle in das verlängerte Thanksgiving-Wochenende verabschieden, ist die große Unicorn-Kampagne bereit …

KAPITEL 34 DONNERSTAG, 27. NOVEMBER

Am nächsten Tag beruft Bill ein Meeting ein, um den Schaden nach dem Thanksgiving-Sale zu begutachten ...
Heute Morgen haben die Filialleiter unserer Ladengeschäfte für den Black Friday geöffnet. Direkt nach der Öffnung strömten die Menschen hinein und wedelten mit Ausdrucken ihrer Unicorn-Promotion-E-Mails.
Die Kundenzahlen in den Geschäften waren auf Rekordniveau. Das Problem ist nur, dass die beworbenen Artikel fast ausverkauft sind. Die Filialleiter haben Sorge, dass die Kunden verärgert und mit leeren Händen wieder gehen.
Wenn die Filialleiter die Kunden vertrösten oder ihnen einen Artikel später zuschicken, müssen sie diesen manuell im Lager bestellen. Das dauert 15 Minuten pro Bestellung.
Okay Leute. Lasst uns gemeinsam eine Lösung finden.
Wir könnten eine Website für die Angestellten in den Filialen erstellen, in der sie den Promotion-Code nur einzugeben bräuchten. Das würde die Lieferung aus unseren Lagern automatisieren.
Außerdem könnten wir auf der Webseite mit den Kundenkonten ein Formular einbauen, über das sich die Kunden die Artikel direkt nach Hause liefern lassen können.
Chris, ist das machbar?
Ja, das kriegen wir hin.
Das klingt nach einem Plan. Lasst uns loslegen.

Am Montagmorgen hat sich die Thanksgiving-Sale-Situation wieder stabilisiert. Das Team ist zu seinem wöchentlichen Unicorn-Meeting zusammengekommen. Steve und Sarah sitzen mit am Tisch ...
Die harte Arbeit des Teams hat sich voll ausgezahlt. Ihr habt meine größten Erwartungen noch übertroffen.
Dank Unicorn brechen die Verkäufe im Web und in den Geschäften Rekorde, und der Wochenumsatz ist so hoch wie nie.
Nach der aktuellen Hochrechnung schätzt das Marketing, dass wir in diesem Quartal wieder Gewinn machen. Das ist unser erstes profitables Quartal seit Mitte letzten Jahres.
Ich gratuliere euch allen von Herzen.
Das ist aber nur die halbe Wahrheit, Steve.
Das Unicorn-Team haut richtig rein. Die Zahl der Deployments wurde von einem zweiwöchentlichen auf mindestens ein Deployment pro Woche gesteigert. Aktuell experimentieren wir mit täglichen Deploys.
Und weil die Batch-Größe deutlich kleiner ist, können wir kleine Änderungen sehr schnell durchführen. Inzwischen gehören A/B-Tests zum normalen Ablauf.
Kurz gesagt: Wir waren noch nie in der Lage, so schnell auf den Markt reagieren zu können, und ich bin sicher, dass wir noch ein paar weitere Kaninchen aus dem Hut zaubern werden.
Ich vermute, wir sollten das Unicorn-Modell auf alle neuen Applikationen anwenden, die wir intern entwickeln. So sind sie leichter skalierbar und zu verwalten als jede Anwendung, die wir in der Vergangenheit supportet haben.
Wir schaffen Prozesse, um so schnell zu deployen, wie die Kunden es brauchen.
In manchen Fällen können die Entwicklerinnen und Entwickler ihren Code per Knopfdruck innerhalb von Minuten testen oder produktiv bereitstellen.

Ich kann nicht glauben, wie weit wir in so kurzer Zeit gekommen sind.
Ich bin auf euch alle sehr stolz. Ihr habt meine Anerkennung dafür, dass ihr so gut zusammengearbeitet und euch das gegenseitige Vertrauen auch verdient habt.
Besser spät als nie, würde ich sagen.
Wenn ihr mit dem Schulterklopfen fertig seid, habe ich einen Weckruf für euch: Unser größter Mitbewerber bietet gerade zusammen mit seinen Herstellern kundenspezifische Build-to-Order-Kits an.
Die Verkäufe unserer wichtigsten Artikel sind seit ihrem Start bereits um 20 % eingebrochen.
Wir haben jahrelang versucht, unsere Infrastruktur um diese Fähigkeit zu erweitern. Aber alles, was wir gehört haben, war: »Nein, das geht nicht.«
Währenddessen war die Konkurrenz in der Lage, mit jedem Hersteller zu arbeiten, der dazu bereit war.
Daher hat Bobs Idee, das Unternehmen aufzuspalten, so viel Potenzial. Die veralteten Herstellungsprozesse dieses Unternehmens bremsen uns aus.
Das ist der nächste Tagesordnungspunkt. Als SVP of Retail Operations ist es Sarahs Aufgabe, die geschäftlichen Anforderungen und Risiken in dieses Team einzubringen.
Du machst Witze, oder?
Verstehst du eigentlich, was wir mit Unicorn geschafft haben und in welchem Tempo? Verglichen damit ist das, was du beschreibst, gar nicht so schwer umzusetzen.

Am nächsten Tag kommt Wes in Bills Büro und macht ein ungewöhnlich niedergeschlagenes Gesicht ...
Boss, ich glaube, das ist unmöglich.
Wir müssen unser altes Mainframe-Herstellungssystem komplett neu schreiben, das wir vor drei Jahren outgesourct hatten, nachdem das teure Mainframe-Personal entlassen worden war.
Es war zwar geplant, es durch ein neues ERP-System zu ersetzen, aber das ist nie passiert.
Wir sind die Kunden und die sind die Dienstleister. Sag ihnen, dass wir sie dafür bezahlen, die Applikation zu warten und die für das Geschäft nötigen Änderungen vorzunehmen.
Nach Sarahs Aussage werden diese Ände rungen gebraucht. Finde also heraus, was sie uns dafür in Rechnung stellen wollen und wie lange wir darauf warten müssen.
Habe ich schon. Hier ist das Angebot, das sie geschickt haben, nachdem ich endlich an diesem blöden Kundenbetreuer vorbei war und mit einem der technischen Analysten sprechen konnte.
Sie brauchen **sechs Monate** für die Anforderungen, **neun Monate** für die Entwicklung und insgesamt **ein Jahr** bis zur Produktionsreife – wenn wir Glück haben.
Und dabei stehen die Ressourcen nicht vor Juni zur Verfügung. Das sind also mindestens **18 Monate**. Und nur für den Anfang wollen sie 50.000 Dollar für eine Machbarkeitsstudie und um das Projekt überhaupt einzuplanen.
Dieser verdammte Kundenbetreuer versteckt sich hinter dem Vertrag. Seine einzige Aufgabe besteht darin, uns mehr in Rechnung zu stellen und dabei alles nicht Spezifizierte zu vermeiden – wie beispielsweise echte Entwicklungsarbeit!

Der Engpass, der uns davon abhält, den nötigen Weg einzuschlagen, liegt nun außerhalb unseres Unternehmens. Aber was können wir tun, wenn wir keinen Einfluss darauf haben?
Wir können einen externen Dienstleister nicht davon überzeugen, seine Prioritäten oder Managementpraktiken zu ändern, wie wir es getan haben.
Wie viele Personen sind unserem Account zugeordnet?
Keine Ahnung. Ich glaube, sechs Leute arbeiten zu je 30 % daran. Das hängt vermutlich von deren Rollen ab.
Hol Patty her. Sie soll eine Kopie des Vertrags mitbringen, und dann arbeiten wir die Berechnungen durch.
Und versuche auch, jemanden aus der Einkaufsabteilung zu bekommen. Ich habe einen ziemlich gewagten Vorschlag, den ich näher untersuchen möchte.

Ein paar Stunden später in Steves Büro ...
Wir haben die MRP-Applikation outgesourct?
Vor vielen Jahren haben wir entschieden, dass diese Applikation nicht geschäftskritisch ist. Also haben wir sie ausgelagert, um Kosten zu sparen. Offenbar wurde sie nicht als Kernkompetenz betrachtet.
Nun, offensichtlich ist sie es jetzt doch! Im Moment hält uns dieser Dienstleister als Geisel und verhindert, dass die nötigen Dinge getan werden.
Das ist nicht nur ein Hindernis, sondern ein echtes Risiko für unsere Zukunft.
Kurz gesagt, wir möchten gern vorzeitig aus dem Outsourcing-Vertrag aussteigen. Es wird fast eine Million Dollar kosten, um uns aus den verbleibenden zwei Jahren freizukaufen.
Aber wir hätten wieder die volle Kontrolle über die MRP-Applikation und die MRP-Infrastruktur.
Das gesamte Team ist davon überzeugt, dass dies der richtige Schritt ist, und eine erste Zustimmung von Dicks Team haben wir auch.
Chris meint, wenn wir das MRP-System wieder selbst betreuen, könnten wir es mit Unicorn verbinden und die nach Kundenwunsch gefertigten Sets, die Sarah sich wünscht, von »nach Lagerbestand fertigen« zu »auf Bestellung fertigen« umstellen.
Wenn mit der Integration von Bestelleingabe und Lagerhaltung alles perfekt läuft, könnten wir in 90 Tagen zu unseren Mitbewerbern aufschließen.
Okay, jetzt höre ich dir zu! Was sind die größten Risiken?

Es kann sein, dass der externe Dienstleister Code geändert hat, von dem wir nichts wissen. Aber ich bezweifle, dass sie irgendwelche wesentlichen funktionalen Änderungen vorgenommen haben. Um technische Herausforderungen mache ich mir keine Sorgen.
Das MRP ist zwar nicht auf kleine Batches oder Einzelfertigung ausgelegt, aber ich bin sicher, dass wir es kurzfristig zum Laufen bringen. Und in der Zwischenzeit können wir unsere langfristige Strategie entwickeln.
Ich glaube, für etwas so Riskantes brauchen wir die Zustimmung von Bob Strauss und dem gesamten Aufsichtsrat.
Nach den bisherigen Erfahrungen könnte das unsere gesamten Herstellungsprozesse in Gefahr bringen. Das ist ein größeres Risiko, als wir meiner Meinung nach eingehen können.
Ganz ehrlich, ich unterstütze diesen Vorschlag nicht.
Vergiss nicht, dass du für mich arbeitest und nicht für Bob. Wenn du unter diesen Bedingungen nicht arbeiten kannst, erwarte ich deine sofortige Kündigung.
Ganz im Gegenteil, dank der IT müssen wir nicht mehr all die belastenden strategischen Optionen bedenken, die du und Bob euch ausdenkt. Deinen Einwand nehme zur Kenntnis.
Bill, ich stelle dir einen von Dicks Top-Leuten und unseren Firmenanwalt zur Seite. Sie werden dir helfen, die Aufgabe umzusetzen und alles Nötige von dem Dienstleister zurückzuholen.
Dick wird dieses Projekt persönlich beaufsichtigen.
Das ist eine ausgezeichnete Idee, Steve. Es würde unser Risiko bei dieser Sache deutlich reduzieren. Das wird Bob bestimmt gefallen.
Wenn ihr sonst nichts mehr braucht, macht euch an die Arbeit.
Sarah, du bleibst noch. Alle anderen: einen schönen Rest-Tag.

KAPITEL 35 FREITAG, 9. JANUAR

Komm rein. Gut, dich wieder-zusehen.
Möchtest du was trinken? Bier? Soda? Scotch? Margarita?
Danke. Ich nehme ein Bier.
Danke, dass du früher ge-kommen bist. Dieses Quartal wird alle Rekorde brechen. Das hätten wir ohne dich und Chris nicht geschafft. Zum ers-ten Mal seit Jahren ist unser Marktanteil gestiegen.
Unicorn und Narwhal helfen uns, die Kundenbedürfnisse wirklich zu verste-hen. Unsere durchschnittliche Bestell-menge hat gerade einen neuen Rekord geknackt, und Dick sagte, dass Unicorn das sich am schnellsten amortisierende Projekt der jüngeren Geschichte ist.
Die Analysten beginnen, uns wie-der zu mögen. Einer sagte mir letzte Woche, dass es für unsere Konkurrenz sehr schwer werden wird, mitzu-halten, wenn wir diesen Weg konse-quent weiterverfolgen.
Sie werden ohne Zweifel die Erwartun-gen an unsere Aktienkurse heraufset-zen, und Bob wird seine Unterstützung für eine Aufspaltung des Unternehmens schlussendlich zurücknehmen.
Wirklich? Ich dachte, Sarah sei überzeugt davon, dass eine Aufteilung unsere einzige Möglichkeit sei, zu überleben.
Ah, ja ... Sie hat sich entschieden, sich woanders nach neuen Möglichkeiten umzusehen, und ist aktuell beurlaubt.

Wie du dir denken kannst, habe ich dich gebeten, früher zu kommen, um mit dir über die Zukunft von Parts Unlimited zu sprechen. Nimm Platz.
Die Position des CIO ist seit Monaten unbesetzt. Du hast selbst an den Bewerbungsgesprächen teilgenommen. Was war dein Eindruck von den Kandidaten?
Ganz ehrlich? Ich war eher enttäuscht. Sie haben sich nur auf Details des Problems konzentriert und nur einen winzigen Teil dessen vorgeschlagen, was wir hier in den letzten Monaten erreicht haben.
Wenn wir einen von denen eingestellt hätten, wäre ich ernsthaft in Sorge, dass wir direkt wieder in unsere alten Gewohnheiten zurückrutschen.
So sehe ich das auch, Bill. Und deshalb habe ich entschieden, die Position intern zu besetzen.
Hast du irgendwelche Vorschläge, wen wir befördern sollten?
Ich glaube, Chris ist die offensichtlichste Wahl. Er war die treibende Kraft hinter Unicorn und auch Narwhal. Ohne seine Führungskompetenz würden wir jetzt immer noch im Sumpf stecken. Da bin ich mir sicher.
Lustig. Ich habe mir schon gedacht, dass du das sagen würdest.
Allerdings werde ich mich nicht an deine Empfehlung halten.

Dies zu erklären, kann jetzt etwas dauern.
Du warst für alle die erste Wahl für diesen Posten. Aber ganz ehrlich: Ich möchte dich nicht in dieser Position haben. Lass es mich erklären.
Mein Aufsichtsrat erwartet, dass ich die Unternehmensressourcen effektiv einsetze, um den Shareholder Value zu steigern. Meine Hauptaufgabe besteht darin, mein Managementteam so zu leiten, dass dieses Ziel erreicht wird.
Du hast mir dabei geholfen, einzusehen, dass die IT nicht einfach eine Abteilung ist. Stattdessen durchdringt sie alles – wie Elektrizität. Es ist eine Kompetenz wie Lesen oder Mathematik.
Hier bei Parts Unlimited haben wir keine spezielle Abteilung für Lesen oder Mathematik – wir erwarten, dass jeder, den wir einstellen, sich zu einem gewissen Grad damit auskennt.
Das Verständnis von den Möglichkeiten der Technologie hat sich zu einer Kernkompetenz entwickelt, die jeder Teil dieses Unternehmens haben muss.
Wenn auch nur einer meiner Businessmanager ein Team oder ein Projekt ohne diese Kompetenz leitet, wird es scheitern.
Damit Parts Unlimited überleben kann, dürfen sich geschäftliche und IT-Entscheidungen nicht gegenseitig ausschließen.
Ich weiß zwar nicht, wo das alles hinführt, aber ich bin sicher, dass wir noch nicht die volle Leistungsfähigkeit erreicht haben, so, wie wir aktuell organisiert sind. Das habe ich während der letzten Monate bereits mit dem Aufsichtsrat diskutiert.

Ich bin von deiner Arbeit in der IT beeindruckt. Du hast die gleichen Führungsqualitäten bewiesen, die ich von unseren Produktionsleitern erwarte.
Jetzt möchte ich in dein Wachstum investieren, und zwar mit einem beschleunigten Zweijahresprogramm: Rotation durch Vertrieb, Marketing, Werkleitung, internationale Einsätze, Lieferantenmanagement und Supply Chain.
Du kannst mir glauben: Das wird nicht einfach. Du wirst eine Menge Hilfe brauchen. Erik hat sich bereit erklärt, dein Mentor zu sein, weil wir beide wissen, dass dies deine bisher größte Herausforderung sein wird.
Erreichst du die geplanten 15 Performanceziele, kannst du in zwei Jahren stellvertretender COO werden und mit Dick zusammenarbeiten, während er seinen Rückzug aus dem Unternehmen vorbereitet.
Wenn du hart arbeitest und Ergebnisse lieferst, kannst du in drei Jahren unser nächster COO sein.
Die Hälfte des Aufsichtsrats hält mich für verrückt. Aber mein Bauchgefühl sagt mir, dass dieses Experiment uns hilft, in zehn Jahren Marktführer zu sein.
In zehn Jahren wird jeder COO, der hält, was er verspricht, aus dem IT-Bereich kommen. Jeder, der nicht versteht, wie die Systeme funktionieren, die das Geschäft am Laufen halten, ist nur ein Scheinriese, der andere für sich arbeiten lässt.
Er hat recht.
Alles, was wir lernen, zeigt: Wenn die IT scheitert, dann scheitert das Unternehmen, und wenn die IT erfolgreich ist, ist auch das Unternehmen erfolgreich.

Als Erik und ich uns vor vielen Monaten zum ersten Mal trafen, sagte er, die Beziehung zwischen IT und Geschäftsleitung ist wie eine dysfunktionale Ehe. Beide Beteiligten fühlen sich ohnmächtig und vom anderen als Geisel genommen.
Ich habe monatelang darüber nachgedacht, und schließlich ist mir etwas klar geworden. Beim Bild einer dysfunktionalen Ehe geht man davon aus, dass Business und IT zwei separate Einheiten sind.
Entweder sollte die IT in die Geschäftsabläufe integriert sein oder in das Geschäft selbst. Voilà! So einfach ist das.
Keine Spannung, keine Ehe und vielleicht nicht einmal eine IT-Abteilung.
Danke für diese Chance. Ich möchte das Angebot gerne annehmen.
Gut! Das wird uns Spaß machen.
DING DONG
Sieht aus, als wäre der Rest des Teams eingetroffen.

Weißt du, auch wenn ich dir nur eine Fifty-fifty-Chance gebe, dass du das packst, glaube ich an dich. Herzlichen Glückwunsch, Kleiner. Das hast du dir verdient.
Danke!
Ja, okay ... Aber lass mich nicht im Stich.
Diese Stadt hat mir nie gefallen, und du bist schuld, dass ich diesen gottverlassenen Flughafen auf Jahre immer wieder anfliegen muss. Wenn du das in den Sand setzt, war alles umsonst.
Ich werde mein Bestes geben.
Aber warte mal. Ich dachte, du wolltest sowieso hierherziehen, um an den Aufsichtsratssitzungen teilzunehmen.

Nach dem, was ich gesehen habe, möchte ich nicht dazugehören! Parts Unlimited wird ernsthaft Geld verdienen, und eure Konkurrenz wird sich noch ganz schön umgucken.
In wenigen Wochen bin ich möglicherweise einer eurer größten Investoren – das Letzte, was ich da brauche, ist Insiderwissen, das meine Transaktionen beschränkt!
Was meinst du mit »Insiderwissen«?

Ich war immer davon überzeugt, dass effektives IT-Management nicht nur eine entscheidende Kompetenz ist, sondern auch ein signifikantes Zeichen für den Firmenerfolg.
Eines Tages möchte ich einen Hedgefonds auflegen, der bei Firmen mit großartigen IT-Organisationen auf steigende Kurse setzt und bei solchen mit schlechter IT auf fallende.
Wir würden ein Vermögen machen.
Wie könnte man CEOs besser dazu bringen, auf IT zu achten? Als Aufsichtsratsvorsitzender kann ich das jedoch nicht – zu viele Konflikte mit der Börsenaufsicht und den Auditoren.
Ah.
Was sind deine Pläne für den Rest der IT-Abteilung? Mit dieser Beförderung hast du ein paar Posten zu besetzen.
Wes, Patty und ich haben viel darüber gesprochen.
Ich bin sicher, dass Patty zur VP of IT Operations befördert werden muss. Sie ist am dichtesten dran, wenn es um die Fähigkeiten einer Produktionsleiterin für IT Operations geht, und sie hat wirklich was drauf.
Gute Wahl ... und Wes?

Ob du es glaubst oder nicht: Wes hat sehr deutlich gemacht, dass er nicht der VP of IT Operations sein möchte. Wenn von mir erwartet wird, dass ich meinen Platz als CIO in zwei Jahren freimache, wird Wes wohl eine große Entscheidung treffen müssen.
Könnte ich zaubern, würde er meinen Job als Head of IT Operations von Patty übernehmen, und Patty würde die nächste CIO werden.
Aber wie soll ich es jemals schaffen, alle rechtzeitig vorzubereiten, wenn Steve mich mit immer mehr Verantwortung überhäuft?
0.0
Jetzt hör aber auf. Du langweilst dich doch. Aber das wird sich schon sehr bald ändern.
Und vergiss nicht, dass du von erfahrenen Leuten umgeben bist, die diese Reise ebenfalls gemacht haben. Sei also nicht der Narr, der scheitert, weil er nicht um Hilfe bittet.
Da wir gerade davon sprechen, anderen zu helfen: Ich glaube, du schuldest mir was.
Absolut. Sag einfach, was du brauchst.

Du kannst mir helfen, das Wissen um besseres Technologie-Management zu verbreiten.
Seien wir ehrlich: Das Leben in der IT ist ziemlich übel, wenn es so missverstanden und schlecht geführt wird.
Wenn das nicht dem Selbstwertgefühl nachhaltig schadet, dann weiß ich auch nicht. Das muss sich ändern. Ich möchte in den nächsten fünf Jahren das Leben von einer Million IT-Fachkräften verbessern.
Wie mir einmal ein weiser Mensch sagte: »Ein Messias ist gut, aber die Heiligen Schriften sind besser.«
Ich möchte, dass du ein Buch schreibst, das die Drei Wege beschreibt und zeigt, wie andere Menschen die Veränderungen wiederholen können, die du hier bei Parts Unlimited vorgenommen hast.
Nenne es **Das DevOps-Handbuch** und zeige, wie IT das Vertrauen des Business zurückgewinnen und Jahrzehnte der Stammeskriege beenden kann. Kannst du das für mich tun?
Ich bin kein Schriftsteller. Ich habe noch nie ein Buch geschrieben. Tatsächlich habe ich in den letzten zehn Jahren nichts Längeres als eine E-Mail geschrieben.
Dann lern es.
Natürlich. Es wäre mir eine Ehre und ein Privileg, das DevOps-Handbuch für dich zu schreiben, während ich die wahrscheinlich herausforderndsten drei Jahre meiner gesamten Karriere durchlebe.
Sehr gut. Es wird ein sehr gutes Buch werden. Und jetzt genieß den Abend. Du hast es dir verdient.

Wohin ich auch sehe: Die Leute haben Spaß und freuen sich über die Gesellschaft der anderen.
Beim Phoenix-Launch hätte vermutlich niemand in dieser Gruppe gedacht, einmal Teil eines »Super-Teams« zu sein, das größer ist als Development, Ops oder Security.
Da gibt es einen Begriff, den wir in letzter Zeit immer öfter hören: »DevOps«. Vielleicht ist jeder auf dieser Party Teil von DevOps, aber ich glaube, es steckt noch mehr dahinter.
Es geht darum, dass Produktmanagement, Development, IT Operations und sogar Information Security zusammenarbeiten und sich gegenseitig unterstützen.
Selbst Steve ist Teil dieses Super-Teams. In diesem Augenblick weiß ich, wie unglaublich stolz ich auf jeden einzelnen Menschen in diesem Raum bin.
Was wir da geschafft haben, ist bemerkenswert. Ich bin schon wahnsinnig aufgeregt, wenn ich an die Herausforderungen denke, die in den nächsten Jahren auf mich zukommen.

Oh oh ...
irgendetwas ist
passiert.

Zuerst einmal
herzlichen Glück-
wunsch, Chef.
Willst du zuerst
die guten oder
die schlechten
Nachrichten?
Was liegt
an, Patty?

Was auch
immer es ist,
wir werden es
schaffen.
ENDE

DIE DREI WEGE

DER ERSTE WEG:
FLOW

Der Erste Weg hilft uns, zu verstehen, wie wir einen zügigen Arbeitsfluss von der Entwicklung zu IT Operations schaffen können.

DER ZWEITE WEG:
FEEDBACK

Der Zweite Weg zeigt uns, wie wir schnelleres und besseres Feedback bekommen, um Qualitätsprobleme schon an ihrer Quelle zu beheben und so Mehrarbeit zu vermeiden.

DER DRITTE WEG:
BESTÄNDIGES EXPERIMENTIEREN UND LERNEN

Der Dritte Weg führt uns schließlich dazu, wie wir eine Kultur schaffen können, in der wir experimentieren, aus Fehlern lernen und verstehen dürfen, dass Wiederholung und Übung die Voraussetzungen zur Meisterschaft sind.